Ernst Probst

Machbuba. Die Sklavin und der Fürst

Ernst Probst

Machbuba. Die Sklavin und der Fürst

GRIN Verlag

Bibliografische Information der Deutschen Nationalbibliothek: Die Deutsche
Bibliothek verzeichnet diese Publikation in der Deutschen Nationalbibliografie;
detaillierte bibliografische Daten sind im Internet über http://dnb.d-nb.de/
abrufbar.

1. Auflage 2010
Copyright © 2010 GRIN Verlag
http://www.grin.com/
Druck und Bindung: Books on Demand GmbH, Norderstedt Germany
ISBN 978-3-640-62297-9

Ernst Probst

Machbuba

Die Sklavin und der Fürst

Machbuba (um 1823–1840)
gewidmet

Machbuba (um 1823–1840)
auf einem um 1840 geschaffenen Gemälde
eines unbekannten Künstlers,
Original auf Schloss Branitz
unweit von Cottbus

Die berühmteste Sklavin und Geliebte eines deutschen Fürsten im 19. Jahrhundert dürfte Machbuba (um 1823—1840) gewesen sein. Die dunkelhäutige Schönheit aus Äthiopien wurde von dem Adligen Hermann Fürst von Pückler-Muskau (1785–1871) auf dem Sklavenmarkt in Afrika gekauft. Danach war sie seine Reisebegleiterin, Krankenpflegerin und Geliebte. Ihr Grab liegt auf dem Friedhof von Bad Muskau in der Oberlausitz (Sachsen). Der Name Machbuba bedeutet zu deutsch „Die Goldene" oder „Mein Liebling". Ihr eigentlicher Name war Ajiamé.

Hermann Ludwig Heinrich von Pückler-Muskau kam am Sonntag, 30. Oktober 1785, gegen Mitternacht auf Schloss Muskau in der Oberlausitz zur Welt. Sein Vater war der 31 Jahre alte Ludwig Carl Hans Erdmann Graf von Pückler auf Branitz (1754–1811), seine Mutter die erst 15-jährige Clementine Cunigunde Charlotte Olympia Louise Reichsgräfin von Callenberg (1770–1850). Seine Eltern hatten am 27. Dezember 1784 geheiratet. Die erst 14 Jahre alte Braut, die dank ihrer Mutter Gräfin Olympia von la Tour du Pin eine Halbfranzösin war, brachte die Standesherrschaft Muskau mit in die Ehe.

Die Kindheit von Hermann von Pückler-Muskau stand unter keinem guten Stern. Seine junge Mutter Clementine behandelte ihn wie ein Spielzeug. Zum Beispiel warf sie ihren Erstgeborenen übermütig in die Luft und fing ihn wieder auf. Als Erwachsener sagte Hermann hierzu:

Schloss Muskau
in der Oberlausitz (Sachsen).
Bild: Reproduktion
eines Gemäldes

„Es ist ein Wunder, dass meine Mutter mir nicht sämtliche Knochen zerbrochen hat, weil sie in meinen ersten Lebenstagen mit mir Fangeball gespielt hat!" Die Mutter wusste später auch wohl nicht so recht, warum sie ihn mal liebkoste oder schlug. Während der frühen Jahre seiner Kindheit befand sich der Junge — nach eigener Aussage — in den Händen von teilweise dummen oder rohen Bediensteten, die ihn je nach Lust und Laune mehr oder minder gut oder schlecht behandelten.

Aus der Ehe von Hermanns Eltern gingen noch drei Töchter namens Clementine, Bianca und Agnes hervor. Weil sich seine schöne und lebhafte, aber leichtsinnige Mutter schlecht mit ihrem mürrischen und geizigen Gatten vertrug, kam es zunächst zur Trennung und später zur gerichtlichen Scheidung des gräflichen Ehepaares.

Nur der Großvater mütterlicherseits Georg Alexander Heinrich Hermann Graf von Callenberg und der Hauslehrer Andreas Tamm (1767–1795) kümmerten sich liebevoll um den jungen Grafen Hermann. Der verständnisvolle Tamm wurde Anfang 1790 Hofmeister des fünfjährigen Hermann auf Schloss Muskau, aber auf Veranlassung von dessen Mutter bereits im Oktober 1790 als Rektor an die Muskauer Schule versetzt.

Nach dem Tod des Großvaters kam der siebenjährige Hermann 1792 in die Herrnhuter Erziehungsanstalt nach Uhyst (Bautzen), wo er drei Jahre lang blieb. Dank der Erziehung in Uhyst entwickelte sich der intelligente,

Schloss Pülswerda südöstlich von Torgau
an der Elbe (Sachsen):
Hier lebte die Mutter von Fürst Pückler
nach ihrer zweiten Ehe.
Bild: Reproduktion eines Kunstwerkes

aber wilde protestantische Junge zum jesusfrommen Kind. Einerseits wurde seine Toleranz, Weltklugheit, Fähigkeit zur Selbsteinschätzung und Eigenkritik gefördert, andererseits sein Widerwille gegen frömmelnde Heuchlerei und starren Dogmatismus geweckt. In Uhyst soll er erstes Interesse für Gartenpflege gezeigt haben. 1796 kam Herrmann auf das „Franke'sche Pädagogium" nach Halle/Saale und von Mai bis September 1798 auf das „Philanthropium" in Dessau. Anschließend förderten Hauslehrer im Muskauer Schloss seine Vielseitigkeit.

Die 1799 geschiedene Mutter von Hermann heiratete im selben Jahr Carl Friedrich August Reichsgraf von Seydewitz. Damit begann die Beziehung des Schlosses Pülswerda südöstlich von Torgau an der Elbe. 1800 kam Curt Maximilian Clemens von Seydewitz, der Stiefbruder von Hermann von Pückler, zur Welt.

1801 begann der junge Graf Pückler im Alter von 16 Jahren ein Studium der Rechte an der juristischen Fakultät der Universität Leipzig. Dieses brach der freiheitsliebende Jugendliche aber bald ab, weil er die für das Studium nötige Selbstdisziplin nicht besaß, und begann eine militärische Laufbahn. Von 1802 bis 1806 diente Hermann von Pückler-Muskau im feudalen sächsischen „Garde du Corps", der Leibgarde des Königs in Dresden, wo er nach einem Jahr Leutnant war. Wegen Extravaganzen, Verschwendungssucht und Spielschulden musste der „tolle Pückler" am 15.

September 1804 seinen Dienst als Rittmeister quittieren, nachdem die geforderten Zahlungen aus Muskau ausblieben. Es folgten gesundheitliche Krisen und die elterliche Androhung, ihn zu enterben. Am 27. November 1804 wurde der damalige Schlosssekretär Traugott Ludwig Heinrich Wolff zum Vormund des 19-jährigen Grafen bestellt.

Wo sich Pückler vom Dezember 1804 bis zum Juni 1806 aufhielt, ist unbekannt. 1806 flüchtete er vor seinen Gläubigern und seinem verärgerten strengen Vater über Muskau nach Wien und weiter nach München. In München bestritt er 1807 ein Duell. Seinem Freund, dem Freiherrn von Welk, berichtete er am 19. Januar 1806 in einem Brief, für sein tägliches Brot gebe er monatlich 12 Florin aus. Am Tag vorher habe er sich beinahe an einem Stück Rindfleisch einen Backenzahn ausgebissen.

Im November 1808 teilte Bückler dem Schlosssekretär Wolff mit, er wolle sich unter fremdem Namen in der Welt durchbringen. In der Folgezeit ging er auf seine „Jugendwanderungen", die er weitgehend zu Fuß unternahm. Bis nach Rom wurde er von Alexander von Wulffen (1784–1861) begleitet, dem er später sein Werk „Jugendwanderungen. Aus meinen Tagebüchern. Für mich und Andere" (1835) widmete. In der „Ewigen Stadt" wurde er vom Papst in Audienz empfangen. Als er von einem Ausbruch des Vesuvs erfuhr, eilte er nach Neapel und erlebte dort nächtliche Eruptionen des

Vulkans. Beim Aufstieg auf den Vesuv lernte er Julie von Gallenberg kennen und verliebte sich in diese attraktive Wiener Gräfin, die ihn in die feine Gesellschaft von Neapel einführte. Bei einem Diner auf dem Balkon des russischen Gesandten verfolgte Pückler eine Seeschlacht zwischen englischen und neapolitanischen Schiffen. Dabei feuerte König Murat von Neapel (1767–1815), Sohn eines Gastwirts, zeitweise französischer Marschall und Ehemann der jüngsten Schwester von Napoleon, vom Hafen aus selbst eine Kanone ab, traf aber eines seiner eigenen Schiffe.

Dem Wunsch des Vaters zur Heimkehr folgte Herrmann 1810 zögernd mit Umwegen über Paris und Weimar, wo er erstmals Goethe (1749–1832) besuchte. Goethe gefiel der junge Graf und unterhielt sich eine Stunde lang mit ihm über Gartenkunst und Parkanlagen. Der Dichterfürst soll bei dieser Gelegenheit zu Pückler gesagt haben: „Verfolgen Sie diese Richtung. Sie scheinen Talent dafür zu haben. Die Natur ist das dankbarste, wenn auch unergründlichste Studium, denn sie macht den Menschen glücklich, der es sein will".

Hermann hielt sich gerade in Berlin auf, als sein Vater am 16. Januar 1811 im Alter von 57 Jahren starb. Bei seiner Obduktion stellte man fest, dass er vor allem an „Steinschmerzen" gelitten und man ihn falsch behandelt hatte. In seinem Körper fand man einen harten herzförmigen Stein in Größe eines Eies, den man in der Bibliothek von Schloss Muskau aufbewahrte. Die

Johann Wolfgang von Goethe (1749–1832)
schätzte Pückler sehr.
Bild: Reproduktion eines Gemäldes
aus dem Jahre 1828
von Joseph Karl Stieler (1781–1858)

Beerdigung am 22. Januar 1811 fand ohne „Gepränge"
statt, so wie es der Verstorbene im kurz zuvor eröffneten
Testament verfügt hatte.

Nach dem Tod seines Vaters erbte der 25-jährige
Hermann von Pückler die Titel Reichsgraf von Pückler,
Standesherr zu Muskau, Baron von Groditz und
Erbherr von Branitz. Am 29. Januar 1811 wurde er im
großen Speisesaal des Schlosses in Muskau vereidigt.
Seine Standesherrschaft umfasste ein Gebiet von mehr
als 500 Quadratkilometern mit der Stadt Muskau und
einigen Dutzend Dörfern.

Muskau besitzt seit 1452 das Stadtrecht und heißt in
der sorbischen Sprache „Muzakow" (etwa „Männer-
stadt"). Zu der Zeit, als Hermann von Pückler neuer
Standesherr wurde, waren die Einwohner von Muskau
– mit wenigen Ausnahmen – Lassiten im Stand der
Erbuntertänigkeit. Die Stadt hatte damals etwa 700
Einwohner, heute sind es rund 3.900.

Zu Beginn der Standesherrschaft von Hermann von
Pückler-Muskau erlebten die Einwohner von Muskau
schwere Zeiten, die teilweise denen im Dreißigjährigen
Krieg glichen. Auf dem Rückzug der geschlagenen
Armee von Napoleon (1769–1821) aus Russland
brachten württembergische Kürassiere eine Flecktyphus-
Epidemie nach Muskau. 1811/1812 starb deswegen
ungefähr ein Fünftel der Bevölkerung von Muskau an
dieser Krankheit.

Hermann Graf von Pückler-Muskau (1785–1871)
im Jahre 1815
im Alter von 30 Jahren.
Bild: Reproduktion
eines Gemäldes

*Leopold Schefer (1784–1862),
Schriftsteller, Komponist
und Jugendfreund von Pückler.
Bild: Reproduktion
eines Gemäldes*

Der alte Familienbesitz von Hermann von Pückler-
Muskau war durch ererbte Schulden stark belastet. Allein
die Kriegskontributionen beliefen sich bereits auf 60.000
Taler. Ungeachtet dessen ließ der Graf seinen vorhan-
denen Landschaftspark vergrößern und nach 1811 den
Ort Köbeln vom rechten auf das linke Ufer der Neiße
umsetzen, wo er ganz neu entstand.

Von 1812 bis 1815 überließ Pückler die Verwaltung
seiner Standesherrschaft seinem Jugendfreund, dem
Schriftsteller und Komponisten Leopold Schefer (1784–
1862), der als „Vizegraf" fungierte. Am 27. Dezember
1812 verheiratete Pückler seine 18-jährige Schwester
Agnes Luitgardis Clara von Pückler (1794–1837)
standesgemäß mit Friedrich Erdmann von Pückler,
einem Vetter dritten Grades aus Schlesien. In Clara hatte
sich im Juni 1909 Schefer unsterblich verliebt. Pückler
hatte davon gewusst und dies zunächst gebilligt.

Zur Zeit der Napoleonischen Kriege (1813–1815)
häuften sich Durchmärsche und Einquartierungen
russischer, preußischer und französischer Soldaten in
Muskau. Die Einwohner litten unter Hunger und
Muskau stand am Rand des Ruins.

1813 traf Hermann von Pückler-Muskau als General-
major von Karl August Herzog von Sachsen-Weimar-
Eisenach (1757–1828) und als Verbindungsoffizier zum
russischen Zaren Alexander I. (1777–1825) wieder in
militärische Dienste. Dabei zeichnete er sich mehrfach
aus. Einmal nahm der tollkühne Pückler dem Feind

Karl August
Herzog von Sachsen-Weimar-Eisenach (1757–1828).
Bild: Reproduktion
eines Stiches von Georg Melchior Kraus

Alexander I. (1777–1825),
Zar von Russland.
Bild: Reproduktion
eines Gemäldes

mehrere Kanonen ab. Ein anderes Mal ritt er einem französischen Husarenoberst, der weit vor die Front gekommen war, ganz allein entgegen, focht mit ihm einen angetragenen Zweikampf aus und bezwang ihn, wobei die gegnerischen Truppen ruhig zusahen.

Pückler wurde zum Oberstleutnant befördert und fungierte kurzzeitig als Militär- und Zivilgouverneur in Brügge (Belgien). Nach dem Friedensschluss stand er dem russischen Zaren in Paris zur Verfügung.

1814 unternahm der wieder ins Privatleben entlassene Hermann von Pückler-Muskau seine erste Reise nach England. Auf den Rat von Schlosssekretär Wolff hin hielt er dort nach einer reichen Braut Ausschau. Allerdings ohne Erfolg. Zusammen mit Leopold Schefer, den er nachkommen ließ, besuchte der Graf in England Dutzende von Gartenanlagen. Auf diese Weise inspiriert entschloss er sich, selbst in Muskau einen großen Park anzulegen.

Am 1. Mai 1815 verkündete Hermann von Pückler-Muskau folgendes Manifest an die Muskauer Bürger:

„Da ich von nun an entschlossen bin, für mein ganzes zukünftiges Leben meinen festen Wohnsitz in Muskau zu nehmen, um selbst für die Wohlfahrt meiner guten Bürger und Unterthanen mit väterlicher Obhut wachen zu können, und meine Einkünfte lieber Ihnen, als fremden Menschen zufliessen zu lassen, so zweifle ich nicht, daß jeder Einwohner dieser Stadt es mir gerne gönnen wird, bey ernster Beschäftigung euch eine Lieblingsneigung zu befriedigen, deren Ausführung jedem von Ihnen gleichfalls ein Vergnügen, und jetzt sowohl als mehr noch in der Folge zum wahren Nutzen gereichen muss. Ich meune die Anlegung meines Parkes, zu dem ich nothwendig [. . .] den ganzen Distrikt zwischen der Strasse nach Sorau und dem Dorfe Köbeln, der Neisse auf der einen und den Braunsdorfer Feldern auf der andern Seite, eigenthümlich besitzen muss. Ich bitte daher hiermit sämmtliche Bürger und Bewohner der Stadt und Schmelze, welche einzelne Felder oder Wiesen, oder Holz in dem benannten Bezirke haben, mir dieselben gegen vernünftige Bedingungen abzulassen. [. . .] Erfüllt die Bürgerschaft hierin meine Wünsche, so mache ich mich ausserdem noch anheischig, von dem Augenblick an gerechnet, wo ich mich in völligen Besiz sämmtlicher bezeichneten Grundstücke befinde, binnen 6 Jahren das Rathhaus, das Köbler Thor und das Schiesshaus auf meine Kosten für die Stadt zu bauen.

Im Fall aber binnen einem Jahre von dato der Ankauf dieser Grundstücke nicht zu Stande gekommen ist, gebe ich auch hiermit den Einwohnern Muskaus mein Wort, dass ich unabänderlich entschlossen bin, dann Muskau [...] auf immer zu verlassen und alles und jedes daselbst mir zugehörige, bis aufs Schloss selbst, zu verpachten. [...]

Hermann Graf von Pückler-Muskau"

Für seinen ehrgeizigen Plan, in Muskau einen riesigen Park anzulegen, beschäftigte Pückler zeitweise bis zu 200 Arbeitskräfte. Dieses kostspielige Projekt verschärfte seine ewige Geldnot noch mehr. Der exzentrische Adlige sagte später über seinen imposanten, rund 240 Hektar großen Park in Muskau: „Wer mich ganz kennen will, muss meinen Park kennen, denn mein Park ist mein Herz".

Nach dem „Wiener Kongress" vom 18. September 1814 bis zum 9. Juni 1815 fiel Pücklers Teil der Lausitz mit Muskau von Sachsen an die preußische Provinz Schlesien. Pückler galt als einer der 15 größten Landbesitzer im Königreich Preußen. Im bürokratischen Beamtenstaat Preußen, in dem bereits 1807 die Leibeigenschaft aufgehoben wurde (in Muskau erst 1815), entstanden für die Standesherrschaft Muskau neue finanzielle Belastungen. Pückler stöhnte noch Jahre später: „Als der liebe Gott mich preußisch werden ließ, wandte er sein Antlitz von mir."

Die ursprünglich 970 Hektar große Standesherrschaft Muskau wurde durch Hinzukauf städtischer Partien auf etwa 1.250 Hektar erweitert. Es erfolgten großflächige Erdbewegungen und Verpflanzungen großer Baumgruppen nach englischem Vorbild sowie die Verlegung der das Gelände durchfließenden Neiße. Man riss alte Bauten ab und plante mit dem befreundeten Berliner Architekten Karl Friedrich Schinkel umfangreiche Um- und Neubauten des Schlosses. Ungeachtet der Erträge

durch Schafzucht, Alaun-Vorkommen und Mineral-
quelle, die den Ausbau des Bades ermöglichten, sah sich
Pückler bald am Ende seiner finanziellen Ressorcen.
Der ruhelose Dandy Pückler wagte 1815 in Berlin, das
er oft besuchte, seine erste Luftreise. Zusammen mit
dem Chemiker und Luftschiffer Gottfried Reichard
(1786–1844) unternahm er eine Ballonfahrt, die in der
Nähe von Potsdam mit einer unsanften Landung endete.
Aufsehen erregte Pückler auch, als er in Berlin eine
Kutschenfahrt mit vier zahmen Hirschen als Zugtieren
absolvierte und lesend vor dem berühmten „Kranzler"
parkte.
Im November 1816 verlobte sich Hermann Graf von
Pückler-Muskau mit der neun Jahre älteren Lucie Gräfin
von Hardenberg (1776–1854), der verwöhnten und
verschwenderischen Tochter des preußischen Staatskanzlers Karl August von Hardenberg (1750–1822). Sie
hatte 1796 Karl Theodor Friedrich Reichsgraf von
Pappenheim (1771–1855) geheiratet. Ab 1802 lebte das
Paar getrennt, die Scheidung erfolgte erst im Sommer
1817, also nach der Verlobung mit Pückler. Im Juli 1817
zog Lucie nach Muskau.
In einem Brief vom 26. Juni 1817 an seine Verlobte
Lucie gestand Pückler, dass er selbst sich nicht für genial
halte. Er betrachte sich zwar für originell, aber
keineswegs ausgezeichnet in irgendetwas. Außerdem
erwähnte er seine beispiellose Offenheit, die auf nichts
Rücksicht nehme, und eine meisterhafte Verstellung.

Hermann von Pückler-Muskau hatte anfangs Lucie und ihren zwei Töchtern den Hof gemacht. Zur großen Überraschung seiner Zeitgenossen wählte er aber keine der beiden jungen Töchter, sondern deren reife Mutter, als Ehefrau.

Am 9. Oktober 1817 heiratete der knapp 32-jährige Hermann von Pückler-Muskau die 41 Jahre alte Lucie von Hardenberg, geschiedene von Pappenheim. Sie brachte die 19-jährige Tochter Adelheid und die erwachsene skandalumwitterte Pflegetochter Helmine mit in die Ehe. Die Hochzeitsreise ging größtenteils nach Paris, wo der frischgebackene Ehemann angeblich sehr die Pflegetochter Helmine seiner Frau vermisste.

Pückler soll nur an der Mitgift von Lucie und nicht an ihr selbst interessiert gewesen sein. Lucie war – laut Pückler – etwas verliebt in ihn, er aber nicht im Geringsten in sie. Er sagte Lucie unverblümt, dass er diese Verbindung nur als eine „Konvenienzheirath" betrachte und sich jede Freiheit vorbehalte. Im Verlauf der Jahre haben sich beide aber so sehr gegenseitig achten und lieben gelernt, dass ihr Bund für Freundschaft und Vertrauen unauflöslich geworden ist. Es heißt, Lucie habe sich bereits in den Wechseljahren befunden. Die Verbindung zwischen Hermann und Lucie blieb kinderlos. Das könnte auch daran gelegen haben, dass Pückler impotent war, worüber manche Autoren spekulieren.

Hermann Fürst von Pückler-Muskau (1785–1871)
im Alter von 52 Jahren.
Bild: Reproduktion eines Stahlstiches
von Auguste Hüssener
aus dem Jahre 1837

*Jugendbildnis
der in Hannover geborenen
Lucie Gräfin von Hardenberg (1776–1854).
Bild: Reproduktion
eines Gemäldes*

Lucie Gräfin von Hardenberg (1776–1854),
geschiedene Pappenheim,
Ehefrau von Hermann von Pückler-Muskau.
Bild: Reproduktion
eines Gemäldes

Karl August von Hardenberg (1750–1822),
preußischer Staatskanzler
und Schwiegervater von Hermann von Pückler-Muskau.
Bild: Reproduktion
eines Gemäldes

*Fuchsienbrücke im Park
von Bad Muskau.
Die Brücke
ist ein Erzeugnis der Eisenhütte Keula.
Foto: Deutsche Fotothek,
Günther Rapp (1933–1990)*

Wegen seiner Schulden ermahnte Pückler sich und Lucie ständig zur Sparsamkeit, scherte sich aber selbst wenig darum. Er wollte nichts Minderwertiges im Haus haben, kaufte Kutschen und Reitpferde aus England, Glas aus Boppard am Rhein sowie Kristall aus Paris. Als höheres Hauspersonal – ohne Gesinde – beschäftigte er 17 Personen, darunter vier Zofen. Bei der Gestaltung des geplanten großen Parks in Muskau arbeiteten lange Zeit täglich bis zu 120 Arbeiter. Die Gesamtkosten für seinen imposanten Park schätzte Pückler auf ungefähr 200.000 Taler.

Ohne amtlichen Auftrag reiste Graf Pückler 1818 nach Aachen, wo damals der erste Kongress der „Heiligen Allianz" stattfand. Dort tummelte er sich unter Herrschern und Staatsmännern wie unter seinesgleichen. Kaiser Franz II. von Österreich (1768–1835) empfing Pückler in Privataudienz. König Friedrich Wilhelm III. von Preußen (1770–1840) nahm ihn in sein Gefolge auf. Mit dem britischen Politiker Arthur Wellesley Herzog von Wellington (1769–1852) plauderte Pückler über Pferdezucht. Der attraktiven Pariser Schriftstellerin Sophie Gay, die zeitweise in Aachen lebte, machte er leidenschaftliche Liebeserklärungen, schwärmte in einem Brief an seine Frau über die Reize seiner neuen Freundin, räumte aber ein, dass er sich wegen deren schlechten Zähnen nicht dazu entschließen könne, sie zu küssen. Sophie fand, Pückler sei vier Mal so kokett wie die koketteste Frau.

Kaiser Franz II.
von Österreich (1768–1835)
nach seiner Kaiserkrönung.
Bild: Reproduktion
eines Gemäldes von 1792

König Friedrich Wilhelm III.
von Preußen (1770–1840).
Bild: Reproduktion
eines um 1793 geschaffenen Gemäldes
von Henriette-Felicité Tassaert (1760–1818)

Arthur Wellesley
Herzog von Wellington (1769–1852):
Mit ihm plauderte Pückler 1818 in Aachen.
Bild: Reproduktion
eines Gemäldes

Pückler hoffte, beim Kongress in Aachen durch seinen Schwiegervater einen hohen diplomatischen Posten zu erhalten. Am liebsten in Konstantinopel (Türkei), wo er nach orientalischer Sitte wie ein Pascha leben wollte. Doch sein Schwiegervater erfüllte diesen Wunsch nicht. Pückler genoss zwar das Wohlwollen des Königs, hatte aber erbitterte Gegner in reaktionären Kreisen um den Kronprinzen, die ihn wegen seiner liberalen Haltung hassten und seine Pläne verhinderten.

1822 wurde Hermann von Pückler-Muskau von seinem Schwiegervater in den Fürstenstand erhoben. Durch diese Auszeichnung eines sächsischen Adligen erhoffte sich Preußen, in den neuerworbenen Gebieten neue Sympathien zu gewinnen. Der Fürstentitel schmeichelte und erfreute Pückler sehr, bescherte ihm aber keinerlei finanzielle Vorteile. Im Gegenteil: Der höhere Rang erforderte ein entsprechendes Auftreten und verursachte somit zusätzliche Aufwendungen. Allein das Fürstendiplom kostete 4.000 Taler.

Die finanzielle Lage von Pückler hatte sich immer mehr verschlechtert. Auf Muskau lasteten bereits 500.000 Taler Schulden. Die Einkünfte von Pückler waren auf 12.000 Taler pro Jahr gesunken, aber er gab das Dreibis Vierfache dieser Summe aus. Seine Hoffnungen auf eine Erbschaft beim Tod seines Schwiegervaters trogen: Als Fürst Hardenberg 1822 als 72-Jähriger starb, zeigte sich, dass dieser seine Tochter Lucie enterbt, aber seiner Geliebten 50.000 Taler hinterlassen hatte.

1822 erfuhr Pückler vom reichen Eisengehalt einer Quelle südlich von Muskau und dem damit verbundenen Nutzen für Kranke. Im Sommer ließ er einige Wannen für Mineralbäder für Kranke der Standesherrschaft Muskau aufstellen und erste Trinkkuren verordnen. Es folgte die Erweiterung der Kuranlagen. Neben dem eisenhaltigen Wasser kamen Schwefel-, Kräuter-, Schlacken-, Douch- und Dampfbäder sowie ein russisches Bad hinzu. Als Spezialität galten Schwitzbäder in den Schächten des Alaunbergwerkes. Am 6. Juni 1823 eröffnete man im Beisein von 150 Kurgästen und Initiatoren im Hermannsbad die erste Badesaison. Besitzer des nach seinem Vornamen benannten Bades war Pückler.

Um alle finanziellen Schwierigkeiten auf einen Schlag zu beseitigen, kamen der Fürst und seine Ehefrau auf folgende Idee: Scheidung und Wiederverheiratung von Pückler mit einer reichen Erbin. Lucie soll diesen gewagten Gedanken als Erste offen ausgesprochen haben. Beide Eheleute kämpften lange mit dem Entschluss hierzu, wurden immer wieder schwankend, waren aber letztlich dann doch davon überzeugt, dem anderen dieses Opfer schuldig zu sein. Pückler war optimistisch, es werde sich irgendwie ein Weg finden lassen, mit der alten und der neuen Ehefrau gemeinsam und sorgenfrei zu leben.

1826 ließen sich Fürst Pückler und seine Gattin Lucie pro forma scheiden. Die vom König Friedrich Wilhelm

III. von Preußen gebilligte Trennung erfolgte im gegenseitigen Einvernehmen der Eheleute. Der Fürst verfügte, seiner Ex-Frau solle nach wie vor dieselbe Ehrfurcht und derselbe Gehorsam entgegengebracht werden wie bisher. Die Fürstin mit dem Kosenamen „Herzensschnucke" oder „Schnucke" wohnte auch als Geschiedene weiter in Muskau.

Pückler sah sich zunächst in Berlin nach einer begüterten Braut um, die ausreichend Geld mit in die Ehe bringen sollte, damit er seinen großen Park in Muskau unterhalten konnte. Als dort die Ausschau nach einer guten Partie ergebnislos verlief, beschloss er, in England sein Glück zu versuchen.

Anfang September 1826 reiste Pückler zur Brautschau nach England. Seine geschiedene Frau Lucie begleitete ihn bis Bautzen, wo sich beide herzzerreißend verabschiedeten. Bereits in Dresden schrieb Hermann an Lucie: „Gott gebe uns bald ein freudiges Wiedersehen".

Bei der Schiffsreise von Rotterdam nach London herrschte so stürmisches Wetter, dass das Schiff statt der sonst üblichen 20 Stunden Fahrzeit doppelt so lange unterwegs war und der Fürst seekrank wurde. Pückler hatte in seiner Heimat alle verfügbaren Werte flüssig gemacht, um in England standesgemäß als deutscher Fürst auftreten zu können. Der blendend aussehende, charmant plaudernde Weltmann hätte – zumindest theoretisch – leicht auf der Insel eine reiche Braut finden

*Hermann von Pückler-Muskau
war zweifellos
eine imposante Erscheinung.
Bild: Reproduktion
eines Gemäldes*

müssen. Doch dies wurde in Wirklichkeit bald erschwert, weil in der Londoner Presse eine offenbar in Berlin inszenierte Zeitungsnotiz erschien, Pückler wolle um die sagenhafte reiche Witwe des Negerkönigs Christoph von Haiti werben. Der deutsche Fürst dementierte dies energisch, war aber fortan bei seinen Bemühungen als Freier in ein seltsames Licht gerückt. An seine geschiedene Frau schrieb Pückler einmal, sein Stolz leide bei dieser Frauensuche sehr und ein andermal klagte er: „Ach Schnucke, hättest Du doch nur 150.000 Taler, ich heiratete Dich gleich wieder!"

Ein Vierteljahr später hatte der Fürst die Qual der Wahl zwischen vier englischen Damen: einer hübschen Doktorstochter mit 50.000 Pfund, einer sehr attraktiven, aber dummen Kaufmannstochter mit 40.000 Pfund, einer vornehmen Hässlichen mit 100.000 Pfund und einer sanften, hübschen Vornehmen mit 25.000 Pfund. Aber keine der Vier gefiel ihm genug.

Statt in eine britische Heiratskandidatin verliebte sich Pückler in England in die gefeierte deutsche Sängerin Henriette Sontag, die er von Berlin her kannte. Henriette blieb nicht kalt, traf sich mehrfach mit ihm und der Fürst machte ihr einen Heiratsantrag. Die Antwort der Schönen war niederschmetternd: Sie habe einen Augenblick vergessen, dass unauflösliche Pflichten sie binden und sie einen anderen wahrhaft und innig liebe.

Ein Jahr nach der Ankunft in England meinte Pückler, endlich die richtige Braut gefunden zu haben: die Tochter eines schwerreichen Juweliers. Doch eines Tages erfuhr die Angebetete, der Fürst habe sich nur zum Schein von seiner Frau scheiden lassen. Die Juwelierstochter wollte daraufhin von einer Heirat, die Pückler 200.000 Pfund beschert hätte, nichts mehr wissen.

Offenbar war es seine Liebe zu seiner Ex-Frau Lucie, die Pückler bei seinen Aktivitäten als Freier behinderte. Auf seinem Schreibtisch in England stand immer ihr Bild und in der Gesellschaft machte er aus seiner Neigung zu ihr keinen Hehl.

Pückler fand keine vermögende Frau in England, die er oder die ihn heiraten wollte. Aber seine vielen Briefe, in denen er seine geschiedene Frau über seine Erlebnisse (auch mit Freudenmädchen) informierte, machten ihn zum Schriftsteller. Seine Briefe an Lucie wurden immer länger, einer umfasste 43 Bogen. Der Fürst besaß die Gaben des geborenen Reiseschriftstellers. Als seine Heiratspläne immer unrealistischer wurden, durchstreifte er England, Wales und Irland. Dabei bewunderte er englische Parkanlagen und studierte sie. Nach der Rückkehr aus Irland beendete Pückler seinen Aufenthalt auf den britischen Inseln, wo ihn Journalisten als „Prinz Pickle" („Fürst Sauergurke") betitelten. Anfang 1829 reiste er von Dover über Paris in seine Heimat zurück und traf am 10. Februar 1829 in Muskau ein.

Der Fürst hatte während seines mehr als zweijährigen Aufenthaltes in England keine reiche Frau gefunden und viel Geld nutzlos ausgegeben. Trotzdem ist seine Reise auf die britischen Inseln nicht völlig umsonst gewesen. Pückler war nämlich ein perfekter Gärtner und – wie sich erst später herausstellte – auch ein erfolgreicher Schriftsteller geworden. Dies verdankte er seinem Freund Karl August Varnhagen von Ense, der den Fürsten dazu überredete, er soll seine an Lucie gerichteten Reisebriefe veröffentlichen. In den nächsten Monaten überarbeitete Pückler seine Briefe, ließ allzu persönliche Passagen, besonders pikante Details der Heiratsprojekte, weg und ergänzte anderes aus seinen Tagebüchern. Schließlich erschien sein vierbändiges Werk bei der „Hallberger'schen Verlagshandlung" in Stuttgart unter dem Titel „Briefe eines Verstorbenen. Ein fragmentarisches Tagebuch aus Deutschland, Holland und England, geschrieben in den Jahren 1826 bis 1829". Kurioserweise enthalten die beiden 1830 zuerst erschienenen Bände den zweiten Teil der Reise. Die beiden letzten Bände mit der ersten Hälfte der Briefe dagegen folgten erst 1832. Das Pseudonym „Verstorbener" wählte der Fürst aus Rücksicht auf seine Stellung bei Hofe in Preußen.

Der Erfolg der „Briefe eines Verstorbenen" war sensationell. Der Dichterfürst Johann Wolfgang von Goethe verfasste darüber eine seitenlange Besprechung, die er mit folgendem Lob begann: „Ein für Deutschlands Literatur bedeutendes Werk. Hier wird uns ein vorzüglicher Mann bekannt." Zeitungen veröffentlichten wohlwollende Kritiken und bald war kein

*Karl August Varnhagen von Ense (1785–1858),
Schriftsteller und Freund
von Hermann Fürst von Pückler-Muskau.
Bild: Reproduktion
einer Zeichnung von Samuel Friedrich Diez*

Exemplar des Buches mehr mehr erhältlich. Bald bereitete man auch eine englische und französische Übersetzung vor.

Pückler betätigte sich bis zu seinem Tod als Schriftsteller. Kenner loben noch heute seine stilistischen Qualitäten, zu denen ein scharfäugiger Zugriff auf sprechende Situationen, eine uneinschüchterbare Scharfzüngigkeit auch seinem eigenen Stand gegenüber, eine fehlende Prüderie und eine unangestrengte Ironie zählen. Im Laufe seines Lebens verfasste er zehn Werke mit insgesamt 29 Bänden. Teilweise war er dabei seiner Zeit voraus, indem er zum Beispiel bestimmte Wörter – wie Gräuel oder Schifffahrt – so schrieb, wie sie erst heute im „Duden" stehen. Manche englischsprachigen Begriffe – wie „Pony", „Sport" oder „shopping" – hat er als Erster in Deutschland verwendet. Mit seinem eigenen Namen nahm er es nicht immer genau, indem er „Herrmann" mit zwei „r" oder „Pükler" ohne „c" schrieb.

1834 erschien das Werk mit dem bescheidenen Titel „Andeutungen über Landschaftsgärtnerei" aus der Feder des Fürsten unter seinem richtigen Namen in der „Hallberger'schen Verlagshandlung" in Stuttgart. Dabei handelte es sich um ein Buch über die Grundlagen der Parkgestaltung, in dem der Autor die Erfahrungen seiner eigenen Arbeiten in Muskau mit den Anregungen, die er auf seinen Reisen in England und anderen Ländern gewonnen hatte, vereinigte. Originale dieses kostbar

gestalteten Lehrbuches der Landschaftsarchitektur
erzielten bei Auktionen in der Gegenwart Höchstpreise
bis zu 70.000 „Deutsche Mark" (umgerechnet rund
35.000 Euro).

Nach dem unerwarteten Erfolg seiner „Briefe eines
Verstorbenen" mit Schilderungen englischer Sitten und
Zustände beschloss Pückler, ein Gegenstück zu
verfassen, das er „Tutti Frutti" nannte und das ebenfalls
1834 erschien. Dazu hatte er sich eigens eine neue Tages-
einteilung einfallen lassen, um ungestört schreiben zu
können. Er schlief bis 3 Uhr nachmittags, trank Tee,
ritt aus und erledigte Geschäfte. Um acht Uhr abends
speiste er, dann folgte eine Plauder- oder Lesestunde
mit Lucie. Um Mitternacht zog er sich zurück, begann
mit dem Schreiben, hielt sich durch bis zu zehn Zigarren
munter, arbeitete bis 7 Uhr morgens und ging danach
ins Bett, um zu schlafen.

In seinem Werk „Tutti Frutti" schilderte Pückler seine
Erlebnisse und Betrachtungen in den Jahren nach der
Englandreise sowie das Leben in der preußischen
Hauptstadt Berlin und in der Provinz. Das Buch ist eine
Mischung aus kaum verhüllter Selbstbiographie, reiner
Erfindung, romanhaften Elementen sowie politischen
und religiösen Passagen. Zum Pech des Autor fühlten
sich manche Personen ausgerechnet dort getroffen, wo
er lediglich seine Phantasie hatte walten lassen. Dieses
Werk erschien in fünf Bänden und verursachte ein
„Höllenspektakel". Obwohl „Tutti Frutti" nicht den

„*Tutti Frutti*",
eines der 1834 erschienenen Werke
von Fürst Pückler.
Bild: Reproduktion des Titels
dieses Buches.

literarischen Wert der „Briefe eines Verstorbenen"
erreichte, war der Publikumserfolg wieder enorn.

1834 war auch das Jahr, in dem der 48-jährige Pückler
in Karlsbad heimlich eine Weltreise antrat. Erst
unterwegs teilte er seiner Ex-Frau Lucie seine wahren
Absichten mit. Auf dieser Reise nannte er sich
„Semilasso", zu deutsch „Halbmüder". Ende Juli 1834
traf er in Paris ein, wo ihn seine alte Freundin Sophie
Gay in Salons einführte. Bei einem Diner begegnete er
dem Schriftsteller Honoré de Balzac (1799–1850), den
er einen kleinen vergnügten Dicken mit großem Kopf
und Kindergesicht nannte, der sehr witzig, ganz natürlich
und anspruchslos sei. Vom französischen Königspaar
wurde Pückler in den Tuilerien empfangen. Dabei führte
der deutsche Fürst die Königin Maria Amalia (1782–
1866) zu Tisch. König Ludwig Philipp I. (1773–1850)
gab dem Fürsten gute Ratschläge für seine geplante Reise
nach Amerika. Pückler machte dem König einige
Vorschläge für den Tuileriengarten.

Zu der von Pückler vorgesehenen Reise nach Amerika
kam es nicht, weil der Fürst wegen einer Duellaffäre,
die er einer missverstandenen Passage in seinem Buch
„Tutti Frutti" verdankte, die Abfahrt des Schiffes in die
Neue Welt verpasste. Kurzerhand beschloss er, statt
dessen nach Nordafrika zu reisen. Ex-Frau Lucie drängte
ihn brieflich zur Heimkehr, bekam aber die schriftliche
Antwort: „Du bleibst Henne, ich Ente. Das kann kein
Gott mehr ändern."

Königin Maria Amalia
von Frankreich (1782–1866)
wurde von Fürst Pückler zu Tisch geführt.
Bild: Reproduktion eines Gemäldes
von Franz Xaver Winterhalter (1805–1873)

König Ludwig Philipp I. von Frankreich (1773–1850)
gab Fürst Pückler gute Ratschläge
für seine geplante Reise nach Amerika.
Bild: Reproduktion eines Gemäldes
von Franz Xaver Winterhalter

Bei der Reise durch Südfrankreich gefiel Pückler ein idyllisch gelegenes kleines Schloss bei Tarbes so gut, das er Lucie dessen Kauf mit der Begründung schmackhaft machen wollte, dort könnten sie auch bei bescheidenen Einnahmen glücklich und sorgenfrei leben. In den Pyraäen verbrachte er fast zwei Monate und stellte den ersten Teil seines neuen Reisewerkes fertig. Verlegerhonorare waren für ihn inzwischen unentbehrlich geworden.

Im Februar 1835 kam Pückler in Algier an. Frankreich hatte erst wenige Jahre zuvor mit der Eroberung von Algerien begonnen und in dem nordafrikanischen Land herrschte immer noch kein Frieden. Der Fürst begegnete vielen Deutschen, die in der Fremdenlegion dienten, bei denen es sich teilweise um abenteuerlustige Jugendliche oder um gescheiterte Existenzen handelte. Ein deutscher Fremdenlegionär wurde sein Sekretär und Begleiter.

Die nächste Reisestation von Pückler war Tunis. In Tunesien besuchte er die Ruinen von Karthago, wo er über das Geschick des karthagischen Feldherrn Hannibal (247/246–183 v. Chr) nachdachte und es mit dem Schicksal Napoleons verglich. Begeistert war er von den gastfreundlichen, rechtschaffenen und ritterlichen Beduinen, die ihm als eine der vollendetsten Formen des Menschentums erschienen. Vor der Abreise aus Tunesien schenkte ihm der Bey von Tunis vier Ochsen, 20 Schafe, 100 Hühner und viele Zentner Lebensmittel.

*König Otto von Griechenland (1815–1867)
empfing Fürst Pückler während dessen Griechenlandreise.
Bild: Reproduktion
eines Gemäldes
von Joseph Karl Stiehler (1781–1858)*

König Ludwig I. von Bayern (1786–1868),
der 1848 wegen seiner Mätresse Lola Montez (1818–1861)
abdanken musste.
Bild: Reproduktion einer Lithographie um 1830
von Franz Hanfstaengl

Dank dieses großzügigen Geschenks konnte Pückler seine Überfahrt nach Malta bezahlen.

Ein weiteres Reiseziel des Fürsten war Griechenland, wo er sich ein Jahr lang aufhielt. Er ritt im rauen Winter durch die Gebirge des Peleponnes. Anschließend unternahm er eine Kreuzfahrt durch die griechische Inselwelt und reiste auf den Spuren des legendären Helden Odysseus. In der Hauptstadt Athen empfingen ihn der junge König Otto (1815–1867) und dessen Vater König Ludwig I. von Bayern (1786–1868), der gerade in Griechenland zu Besuch war. König Otto wollte Pückler eine nahezu 2.000 Morgen große Besitzung bei Sparta auf Kyparissia schenken. Der Fürst war davon begeistert, plante Gärten und Park und stellte sich seiner geschiedenen Frau brieflich als Fürst von Kyparissia vor. Doch der Sturz des Staatskanzlers Joseph Ludwig von Armannsperg (1787–1853), der die Verhandlungen geführt hatte, vereitelte diesen Plan. Literarisches Ergebnis der Zeit von Pückler in Griechenland war dessen Werk „Südöstlicher Bildersaal" (1840/1841), eine Mixtur aus Reisetagebuch sowie archäologischen, politischen und philosophischen Betrachtungen.

Auf der Mittelmeerinsel Kreta betrat Pückler das Reich des türkischstämmigen „Vizekönigs" von Ägypten, Mehemed Ali (1769–1848), den man in Europa als rohen orientalischen Despoten ansah. Der zur Heldenverehrung neigende deutsche Fürst dagegen betrachtete Mehemed Ali als orientalischen Napoleon, dessen Bild

MEHEMED - ALI.

Mehemed Ali (1769–1848),
„Vizekönig" von Ägypten,
empfing Fürst Pückler als Staatsgast.
Bild: Reproduktion
eines Gemäldes

er in der Weltöffentlichkeit ins richtige Licht stellen wollte.

Mehemed Ali schätzte den schriftstellerischen Einfluss von Pückler sehr und empfing ihn so entgegenkommend wie noch nie zuvor einen Europäer. In Kandia (Kreta) hieß man den Fürsten mit 18 Kanonenschüssen willkommen. In Ägypten empfing ihn Mehemed Ali als Staatsgast und stellte ihm ein Palais mit viel Personal sowie zwei Nilschiffe („Kangschen") zur Verfügung. Anschließend reiste der deutsche Fürst weiter in den damals ägyptischen Sudan.

Kurz vor der Abreise fiel dem 52-Jährigen im Februar 1837 auf dem Sklavenmarkt in Kairo das dort zum Kauf angebotene blutjunge Mädchen Machbuba wohltuend auf. In der Literatur ist mitunter auch vom Sklavenmarkt im damals ägyptischen Khartum die Rede. Über die Herkunft und das Alter von Machbuba gibt es keine sicheren Erkenntnisse. Im Online-Lexikon „Wikipedia" heißt es, sie stamme wohl vom Volk der Oromo und sei vermutlich um 1823 in Äthiopien geboren worden. In der Literatur wird sie vereinzelt auch als Sudanesin bezeichnet. Ob sie tatsächlich eine äthiopische Prinzessin war, wie Machbuba sich selbst vorstellte, weiß man nicht genau. Prinzessinnen werden normalerweise nicht auf dem Sklavenmarkt angeboten. Angeblich stammte sie aus einer Fürstenfamilie, die bei einem kriegerischen Überfall auseinandergerissen wurde. Nach einer anderen Version war sie die Tochter eines königlichen

Giacomo Casanova (1725–1798):
Mit diesem berühmten italienischen Verführer
wurde Hermann Fürst von Pückler-Muskau verglichen.
Bild: Reproduktion eines Porträts von
Francesco Casanova, Maler und Bruder von Giacomo

abessinischen Beamten Ihr Alter beim Kauf auf dem
Sklavenmarkt soll zwischen 13 und 15 Jahren gele-
gen haben. Teilweise ist sogar von nur zehn Jahren die
Rede.

Bei der ersten Begegnung trug Machbuba lediglich einen
weißen Mousselinschleier und darunter einen mit
Muscheln verzierten Gürtel aus winzigen Lederriemen.
Von diesem Anblick war der Fürst, dem irrtüm-
licherweise mehr Liebschaften als dem italienischen
Verführer Giacomo Casanova (1725–1798) nachgesagt
wurden, völlig hingerissen. Er zahlte dem Sklavenhändler, ohne mit ihm zu feilschen, den geforderten
Preis von umgerechnet 100 Talern. Damit wollte er
Machbuba – nach eigenen Angaben – vor der Härte
und Geringschätzigkeit potentiell türkischer Besitzer
bewahren.

Die Tatsache, dass der deutsche Fürst eine Sklavin kaufte,
bedeutete nicht, dass er die Sklaverei billigte. Er hielt
die Sklaverei für eine Gepflogenheit des Orients,
behandelte Machbuba – wie er sagte – als gewissen-
hafter und freier Preusse aber nicht als Sklavin. „Mit
dem Eintritt in mein Haus war sie eine Freie", betonte
er. In Briefen bezeichnete er sie aber sehr wohl auch als
seine Sklavin.

In einem seiner Werke schrieb Fürst Pückler, er habe
auf dem Nilschiff, mit dem er damals in Ägypten
unterwegs war, aus Mangel an Raum in seinem
Schlafzimmer einen Vorhang anbringen lassen, hinter

dem sich Machbuba aufhalten und schlafen konnte. Etwas ganz anderes über seine Wohnverhältnisse auf dem Nilschiff teilte Pückler seiner Ex-Frau Lucie in einem Brief vom 10. März 1837 mit: Er wäre im Paradies wohlauf, hätte eine wunderschöne abessinische schwarze Sklavin in seiner Kangsche (Nilschiff), die auf seinem sechs Fuß breiten Bette wohne und von der er arabisch lerne.

Anfangs soll der flotte Fünfziger die minderjährige Machbuba nur mit den Augen eines Naturforschers betrachtet haben, aber bald fesselte ihn ihre Anmut. Er schrieb über sie:

„Den Charakter dieses originellen Mädchens zu studieren, an dem die Zivilisation noch nichts hatte verderben können, war im Verfolg der Reise eine unerschöpfliche Quelle von Vergnügen für mich und es tat diesem Studium keinen Abbruch, dass sein Gegenstand zugleich an Schönheit der Formen die treueste Kopie einer Venus des Tizian war, nur in schwarzer Manier. Als ich sie kaufte und aus Furcht, dass mir ein anderer zuvorkommen möchte, den geforderten Preis sofort auszahlen ließ, trug sie noch ein Kostüm ihres Vaterlandes, das heißt nichts als einen Gürtel aus schmalen Lederriemen, mit kleinen Muscheln verziert. Doch hatte der Sklavenhändler ein großes Musselintuch über sie geworfen, das aber vor den Kauflustigen abgenommen wurde und daher der genauesten Beurteilung kein Hindernis in den Weg legte. Wir waren vier oder fünf junge Leute und staunten alle über das makellose Ebenmaß des Wuchses dieser Wilden, mit dem sie ein chiffoniertes Charaktergesicht verband, ohne dass dies übrigens auf große Regelmäßigkeit Anspruch hätte machen können. Aber ihr Körper! Woher in des Himmels Namen haben diese Mädchen, die barfuß gehen und nie Handschuhe tragen, diese zarten, gleich einem Bildhauermodell geformten Hände und Füße; sie, denen nie ein Schnürleib nahekam, den schönsten und festesten Busen; solche Perlenzähne ohne Bürste noch Zahnpulver, und obgleich meistens nackt den brennenden Sonnenstrahlen ausgesetzt, doch eine Haut von Atlas, der keine europäische gleichkommt und deren dunkle Kupferfarbe, gleich einem reinen Spiegel, auch nicht durch das kleinste Fleckchen verunstaltet wird? Man kann darauf nur antworten, daß die Natur Toilettengeheimnisse und Schönheitsmittel besitzen muß, denen die Kunst nie gleichzukommen imstande ist."

Verwundert beobachtete der Fürst während der Nilreise, dass Machbuba nie Fleisch aß. Eine Orange, etwas Milchreis sowie ein Brot früh und abends waren das Einzige, was sie täglich verzehrte. Vor und während dieser „paradiesischen Mahlzeit" nahm sie sorgfältigste religiöse Waschungen vor. Bestimmte Geräusche, die er hinter dem Vorhang in seinem Schlafzimmer hörte, verrieten Pückler, dass Machbuba ihre Perlenzähne mühsam putzte. Für diese Prozedur verwendete sie eine Wurzel. Jeden Morgen und Abend badete sie ihren ganzen Körper. Nur am Abend ging sie tief verschleiert eine Viertelstunde am Nilufer spazieren.

Einige Wochen später merkte der Fürst, dass seine „zu schmeichelnde Behandlung" Machbuba übermütig und launisch machte. Als sie ein Geschenk von ihm zornig über Bord in den Nil warf, nahm der Fürst stundenlang von ihr keine Notiz. Nachdem Machbuba am nächsten Morgen in der Badestube des Nilschiffes schmollend verharrte, wurde sie von Pückler zur Strafe 24 Stunden lang dort eingesperrt. Man reichte Machbuba Essen durch das Fenster, aber sie rührte nichts an. Nachts hörte Pückler ein leises Schluchzen aus der Badestube. Nach Sonnenaufgang bat ihn Machbuba rührend in abessinischer Sprache, von der Pückler ein paar Brocken verstand, um Freilassung. Der Fürst ließ Machbuba frei, die verweint erst einen ihrer schönen, nackten Füße und dann den anderen auf den Teppich setzte, sich niederwarf und ihre Stirn auf Pückler's Füße drückte. Daraufhin verzieh er ihr den Vorfall.

Fürst und Sklavin reisten in orientalischen Männerkleidern drei Jahre lang durch Ägypten, Palästina, den Libanon und die Türkei.

Bei seiner halbjährigen Schiffsreise auf dem Nil in Richtung Nubien und Äthiopien vom Februar bis zum September 1837 war Pückler von jeder Verbindung mit

*Hermann Fürst von Pückler-Muskau
als Reisender in Afrika
in orientalischer Garderobe.
Bild: Reproduktion
eines Kunstwerkes*

FÜRST PÜCKLER-MUSKAU.

*Deutscher Fürst
in orientalischer Tracht:
Hermann von Pückler-Muskau.
Bild: Reproduktion
eines anonymen Stiches*

der Heimat abgeschnitten. Seine Reisebeschreibungen verfasste er alle eigenhändig ohne Sekretär.

Während dieser Schiffsreise trug er einen seidenen, bunten „Sommermantel", der ursprünglich von seiner Ex-Frau Lucie als Schlafrock für ihn vorgesehen war, eine weiße Hose und gelbe Stiefel. Eine rotseidene Schlafmütze diente ihm tagsüber als Kopfbedeckung und Schutz vor sengender Hitze bis zu fast 40 Grad. Weil er auf Rasieren und Haarfärben verzichtete, sah man ihn mit weißen Kopfhaaren und langem Bart. Zudem war er abgemagert wie ein „Hering".

Anfang April 1837 kam der Fürst in Assuan an, wo ihn der Ortschef namens Bali-Kascheff freundlich aufnahm. Um Machbuba die Strapazen der Weiterreise zu ersparen, vertraute er sie bis zu seiner Rückkehr in Assuan dem alten Bali-Kascheff an. Machbuba kam in die Obhut des ersten Eunuchen des Harems. Der Abschied von dem Naturkind fiel ihm schwerer, als er anfänglich glaubte.

In Assuan (Ägypten) hatte sich Pückler für das so genannte Nilometer interessiert. Bereits der römische Historiker Plinius hatte berichtet, dass man von der Höhe des Nilpegels die zukünftige Ernte ablesen konnte: „Bei 12 Ellen Hunger, bei 13 Ellen Genüge, bei 14 Ellen Freude, bei 15 Ellen Sicherheit und bei 16 Ellen Überfluss".

In Khartum (Sudan) wunderte sich Pückler, dass dort die Sklaven auf dem Basar nicht billiger als in Kairo angeboten wurden. Sein deutscher Kammerdiener Ackermann, sein französischer Koch und sein Dolmetscher Dragoman Giovanni forderten in Khartum von Pückler, dass sie wie er Sklaven anschaffen konnten, sonst würden sie ihn verlassen. Der Fürst erfüllte diesen Wunsch seiner aufsässigen Begleiter.

Obwohl er in seiner Heimat kein passionierter Jäger war, beteiligte sich Pückler während seiner Nilreise an der Jagd auf exotische Tiere. In einem Brief vom 19. April 1837 aus Dongola (Sudan) berichtete er über das Jagdprogramm für die nächten Tage: Sonntag Krokodilsjagd, Dienstag Straußenhetze, Donnerstag und Freitag Parforcejagd auf Giraffen, Sonntag Flusspferdjagd auf dem Nil, Dienstag Antilopenhetze mit Wildhunden. Einmal wollte der Fürst eine junge Giraffe zureiten und wunderte sich sehr, dass dies vor ihm noch niemand versucht hatte.

Pückler kam bei seiner Nilreise bis in das Königreich Sennar nahe des 13. Breitengrades. Das war der Rand der dahin in Europa bekannten Welt. Weiter ging es mit seiner Ausrüstung zur Regenzeit nicht mehr. Der ihn begleitende Arzt war bereits vom Fieber und Delirium todkrank, machte sein Testament, verabschiedete sich weinend von Pückler und wurde mit einer Barke und einem Diener nach Khartum zurückgeschickt. Kaum war der Doktor fort, erkrankte auch Pückler an Dissenterie (Ruhr) und Kolik. Er litt drei Wochen lang unter Schmerzen und fühlte sich oft der Ohnmacht

nahe. Trotzdem machte er Ausflüge, ging auf die Jagd
und suchte Kontakt mit Eingeborenen. Schließlich
wurde er aber so schwach, dass er kaum noch allein
gehen konnte. Im Juli 1837 entschloss er sich zur
Umkehr. Während der Rückreise besuchte er weitere
Altertümer und Tempel oder bewunderte sie vom
Nilschiff aus, wo ihn zwei Sklavinnen seines
Kammerdieners bedienten. In Karnak kaufte er im
September 1837 bei einem Griechen ägyptische
Originalfunde als Andenken.

Nach dieser Nilreise mit Tempelbesuchen, nahezu
täglichem Bad im Nil trotz Krokodilen sowie Jagd auf
Strauße, Giraffen, Antilopen, Löwen oder Hyänen hatte
Pückler im November 1837 bereits vier junge Sklaven:
einen achtjährigen Neger namens Haman, einen
zwölfjährigen Abyssinier namens Farek sowie zwei
weibliche Sklavinnen. Von den beiden Mädchen war das
Jüngere nur zehn Jahre alt, aber schon längst keine
Jungfrau mehr. Bei dem anderen Mädchen handelte es
sich um das Ältere namens Machbuba. Letztere war so
bedingungslos unterwürfig, dass sie sich selbst nach
Pückler's Lieblingshund als „Susannis" bezeichnete.
Der Fürst bezeichnete sie einmal ungalant als seine
„Leibsclavin", die nur zu ihrem besonderen Dienste
tauglich und im Übrigen ziemlich unbrauchbar wäre.

Anfang 1838 reiste Pückler aus Ägypten nach Palästina.
Dort hielt er sich längere Zeit in Jerusalem auf, wo er

das „Grab des Erlösers von allem Übel" besuchte. Außerdem machte er Ausflüge an den Jordan und zum Toten Meer. Zu seiner Begleitung in Palästina zählten vier junge Sklaven, die er seinen „kleinen Harem" nannte. Machbuba fungierte nun als Kammerdiener des Fürsten, weil sein langjähriger deutscher Kammerdiener Ackermann seinen gekauften Sklavinnen zuliebe in Ägypten geblieben war und dem Minister Boghos-Bey (1775–1844) als Stallmeister diente.

Bald konnte sich Pückler ein Leben ohne Machbuba nicht mehr vorstellen. Nie hatte er besser, bequemer und wohlfeiler gelebt. Der Fürst war fest entschlossen, auch in Europa auf Machbuba nicht zu verzichten. In einem Brief aus Jerusalem an seine Ex-Frau Lucie erwähnte er, dass er an seinen „kleinen Harem" so gewöhnt sei, dass er ihn auch im eigenen Hause in Muskau nicht entbehren könne. Lucie war daraufhin auf das Tiefste gekränkt und drohte, Muskau zu verlassen. Weil Pückler auf seine Ex-Gattin nicht verzichten wollte, redete er ihr in seinen Briefen gut zu. Er argumentierte, wenn Frauen Kammerdiener haben dürfen, könne man wohl auch ihm eine Kammerfrau nicht verweigern.

Im Libanon machte der Globetrotter Pückler 1838 der legendenumwobenen Lady Hester Stanhope (1776–1839) seine Aufwartung. Den Zugang zu dieser etwas verrückten, aber höchst begabten und genialen Frau fand er nur mit List, dann gewährte sie ihm acht Nächte

Lady Hester Stanhope (1776–1839):
Bei der „Königin der Wüste"
in einem libanesischen Bergkloster
machte Fürst Pückler 1838 seine Aufwartung.
Bild: Reproduktion eines Gemäldes

lang Audienz. Die 62-jährige Hester diskutierte mit Hermann von Pückler astrologische Probleme, erzählte ihre ungewöhnliche Lebensgeschichte, prophezeite ihm die baldige Ankunft des Messias und gab ihm dafür Verhaltensmaßregeln.

Die in Kent geborene englische Lady war die Tochter des liberalen Politikers und Erfinders Charles Stanhope, 3. Earl Stanhope (1753–1816), sowie Nichte und Haushälterin des britischen Premierministers William Pitt der Jüngere (1755–1806). Von 1810 bis zu ihrem Tod 1839 hauste und herrschte sie in einem verlassenen Bergkloster im Libanon, das sie umbaute und befestigte. Man nannte sie „Königin der Wüste" und „Mystery Lady of the Orient". Auf ihrem befestigten Sitz bei Joun nahe Saida (früher Sidon), dessen Reste als „Deir es Sitt" („Brunnen der Herrin") bezeichnet werden, intrigierte die Lady gegen Emir Bashir II. (1767–1850), die „Hohe Pforte" in Konstantinopel, den Gouverneur von Tripoli, Mustafa Babar Agha (1767–1835), und verschiedene Drusenfraktionen. In ihrem Stall standen edle Pferde und ein weißes Fohlen, auf dem sie in Jerusalem einreiten wollte. Sie pflanzte einen exotischen Garten mit seltenen Bäumen, wofür das Wasser von Bediensteten eine Stunde lang mühsam den Berg hinaufgeschleppt werden musste. Räuberhäuptlinge kamen nachts mit geheimen Botschaften in das Bergkloster und ganze Bergstämme suchten dort Schutz. Einmal brandschatzte die „Wüstenkönigin" ein Dorf, wobei Dutzende von

Mahmud II. (1785–1839),
Sultan des Osmanisches Reiches:
Ihn hätte Fürst Pückler gerne besucht.
Bild: Reproduktion
eines Gemäldes nach 1830

Einwohnern gestorben sein sollen. Pückler schilderte später in seinen Schriften seinen Besuch bei dieser Abenteuerin, die im Folgejahr nach seinem Besuch überschuldet und einsam starb.

In Konstantinopel (heute Istanbul), der damaligen Hauptstadt der Türkei, stürzte sich Pückler in den Strudel der diplomatischen Gesellschaft. Er hatte zwei Jahrzehnte lang davon geträumt, in Konstantinopel als preußischer Gesandter tätig zu sein. Andererseits hatte er sich gewünscht, als Soldat an einem Krieg gegen die Türkei teilzunehmen. Der weltgewandte Fürst war Gast bei einem glanzvollen Gartenfest im Sommerpalast des russischen Botschafters am Ufer des Bosporus. Bei einem Diner in einem Palast des Sultans in Konstantinopel soll er zum leidenschaftlichen Eisesser geworden sein. 1839 formulierte Pückler den Satz: „Das Amüsanteste war, nach Konstantinopel shopping zu fahren", womit er als erster deutscher Schriftsteller den Begriff „shopping" verwendete. Beim preußischen Gesandten in Konstantinopel lernte er drei deutsche Instrukteure des türkischen Heeres kennen, darunter Helmuth Graf von Moltke. Dagegen klappte die erbetene Audienz beim Sultan des Osmanischen Reiches, Mahmud II. (1785–1839), nicht, weil dieser im Sterben lag.

Während der Reisen Pücklers von 1837 bis 1840 entpuppte sich Machbuba als tüchtige Reiterin, gewissenhafte Verwalterin der Reisekasse, versierte Krankenpflegerin und anpassungsfähige Geliebte.

Der Schriftsteller Heinrich Laube (1806–1884)
hatte Verständnis für Fürst Pückler
und dessen ungewöhnliche Beziehung zu Machbuba.
Bild: Reproduktion einer Lithographie
von Joseph Kriehuber (1800–1876) aus dem Jahre 1848

Den Aufzeichnungen Pücklers zufolge, war Machbuba nicht in ihn verliebt. Er notierte, sie sei ihm nicht „per amour" zugetan, aber sie betrachte ihre ganze Existenz als zu ihm gehörig.

Wegen seiner ungewöhnlichen Beziehung zu dem äthiopischen Mädchen erntete der deutsche Fürst viel Spott, wobei bei manchen männlichen Zeitgenossen vielleicht Neid eine gewisse Rolle spielte. Es gab aber auch verständnisvolle Kommentare über Pückler und Machbuba. Der Schriftsteller Heinrich Laube (1806–1884) beispielsweise erklärte: „Der Fürst empfand für das braune Mädchen eine tiefe zärtliche Neigung. Das Mädchen war ihm zugethan mit Leib und Seele – ein Liebesverhältnis orientalischer Art, für unsere deutsche Art höchst verwunderlich. Man dachte an eine Sklavin, welche dem Herrn absolut zu eigen ist, und doch wenn ich ihn herzlich traurig über das Mädchen sprechen hörte, da erhielt das Verhältniß einen ganz anderen Charakter."

Heinrich Laube war 1834 wegen burschenschaftlicher Umtriebe und Anstiftung zur Unzufriedenheit gegen den „Deutschen Bund" angeklagt worden. Im Winter 1836/1837 verurteilte ihn das Berliner Kammergericht zu sieben Jahren Festungshaft. Nach einem Gnadengesuch und Fürsprache seiner Förderer wurde seine Strafe auf 18 Monate reduziert. Auf Betreiben des liberalen Fürsten Pückler wies man Laube als Ort des Strafvollzugs das Schloss Muskau zu, wo er sich

völlig frei bewegen durfte, mit dem Schriftsteller Leopold
Schefer viele Gespräche führte und am liebsten jagte.
Im Frühsommer 1839 wurde er aus der angenehmen
Haft entlassen.

Es sei nicht verschwiegen, dass es auch Kritiker gibt,
die Pückler in weniger günstigem Licht schildern. Sie
werfen ihm vor, er habe Machbuba studiert und dressiert
und sei dabei nur wenig rücksichtsvoller als mit seinen
Pferden verfahren.

Wie Pückler mitunter mit Pferden umging, veran-
schaulicht folgende Begebenheit: „Er ritt einst im neu
errichteten Bade eine enge Treppe hinauf, die zum
Spielzimmer führte. Eine Wette, die er deshalb
angeboten, ward nicht angenommen, und er riskierte
das halsbrecherische Wagnis daher zu seinem
Privatvergnügen. Glücklich langte er oben im Spielzimmer an, rief va banque! gewann, drehte sein Pferd
um, und ritt wieder hinunter. Das war aber nicht so
leicht; das Pferd sträubte sich, und ein Bekannter wagte
es, Vorstellungen zu machen und abzumahnen. Dadurch
ward der tollkühne Reiter nur in seinem Vorhaben
bestärkt: er drückte die Sporen mit Macht in die Weichen
des sträubenden Tieres, und mit gewaltigem Satz sprang
dieses auf den ersten Absatz der Treppe, mit dem Kopf
gegen die Wand rennend und mit den Füßen
zusammenbrechend. Der Reiter blieb im Sattel, riß das
Pferd auf und trieb es zum letzten gewagten Satze an.
Dem kundigen, exaltierten Reiter gehorchend, sprang

das betäubte Tier auf die gepflasterte Hausflur, schlug Kopf und Vorderfüße auf und stürzte wieder zusammen, der Reiter jedoch hielt sich wieder fest im Sattel und bestätigte, wenn auch mit Aufspielsetzung seines Lebens und dessen seines Pferdes, seine Fertigkeit im Reiten und in gefährlichen Wagnissen."

Während seines Aufenthaltes in Konstantinopel im Jahre 1839 wollte Fürst Pückler seine Herrschaft Muskau verkaufen. Sein Freund Röther verhandelte bereits mit Andreas Maria Graf von Renard (1795–1874), einem der reichsten Männer Preußens, der 1,3 Millionen Taler bezahlen wollte. Pückler war mit diesem Preis einverstanden und ein Vertrauensmann sollte nach Konstantinopel kommen, um den Verkauf abzuschließen. Als seine geschiedene Frau Lucie davon erfuhr, war sie empört. Sie hatte während der Abwesenheit ihres Ex-Mannes den Besitz allein bewirtschaftet und diesen dabei erst richtig lieben gelernt. Mit zahlreichen leidenschaftlichen Briefen beschwor sie Pückler, er solle sein prächtiges Eigentum nicht verschleudern. Der Fürst rechnete Lucie vor, dass nach einem Verkauf von Muskau alle Schulden bezahlt werden könnten und dann noch mehr als eine halbe Million Taler übrigblieben, von denen sie in einem schönen Land einen neuen kleinen Besitz kaufen und frei von Sorgen leben könnten.

Ende September 1839 traf Pückler mit Machbuba, einem Mohren für seine Ex-Frau Lucie, zwölf

arabischen Pferden und einer ganzen Menagerie im
habsburgischen Pest (heute Budapest in Ungarn) ein.
Dort gab es nach fünf Jahren ein Wiedersehen mit seiner
Ex-Gattin. Damals war ihr Verhältnis so gespannt wie
nie zuvor. Der Streit endete mit einem Kompromiss:
Pückler verzichtete auf den Verkauf von Muskau und
Lucie gab ihren Widerstand gegen Machbuba auf.
Letztere sollte noch ein Jahr in einem Wiener Pensionat
verbringen, um sich an europäische Sitten zu gewöhnen.
Gleich nach ihrer Abreise schrieb ihm Lucie wieder einen
zärtlichen Brief, in dem sich die 63-Jährige zu der
Bemerkung hinreissen ließ: „Warum bin ich nicht jung
und nicht aus Abessinien?"
Anlässlich seines 54. Geburtstages am 30. Oktober 1839
in Pest wechselte Pückler von der evangelischen zur
katholischen Konfession. Damit wollte er die religiöse
Anarchie, die der Protestantismus heraufbeschworen
habe, persönlich abschließen. Er hoffte, der lebens-
kräftige Baum des Katholizismus würde geistige
Verwirrung mildern, das „verderbliche Regiment
ungezügelter Leidenschaften flach halten und die
menschlich schöne und gnadenreiche Institution der
Beichte unsere Seelen mit unserem eigenem Gewissen
auch in der verzweiflungsvollsten Lage versöhnen.
Schon zu seinen Lebzeiten wurde nach Pückler das
Fürst-Pückler-Eis benannt. Das älteste bekannte Rezept
dieses Namens stammt von dem Königlich-Preußischen
Hofkoch Louis Ferdinand Jungius, der Pückler 1839 in

FÜRST PÜCKLER EIS.

*Das Fürst-Pückler-Eis
ist keine Erfindung von Fürst Pückler,
es wurde lediglich nach ihm benannt.
Bild: Reproduktion
einer historischen Illustration*

seinem Kochbuch ein dreischichtiges Sahneeis widmete.
Dessen Hauptbestandteile waren geschlagene Sahne,
Zucker und frische Früchte oder im Winter ersatzweise
Konfitüre, die in einer Form in Schichten angeordnet
waren. Daraus entwickelte sich eine Zubereitung aus
Schokoladen-, Erdbeer- oder Himbeereis und einer mit
Maraschino aromatisierten hellen Makronen-Eis-Masse.
Die heute als Fürst-Pückler-Eis bezeichnete Köstlichkeit
besteht in der Regel aus einer Kombination von Schoko-
laden- und Erdbeer- oder Himbeer- und Vanilleeis. Bei
der Fürst-Pückler-Schnitte wird dreischichtige Eiscreme
zwischen zwei Waffeln oder als Eispastete angeboten.
Dank ihrer fremdländischen Schönheit sowie ihres
freundlichen und klugen Wesens bezauberte Machbuba
um 1840 in Wien die feine Gesellschaft. Dort nahmen
sie und ein kleiner schwarzer Sklave von Pückler den
christlichen Glauben an. Standesgemäß wurde
Machbuba in der österreichischen Hauptstadt als
„äthiopische Prinzessin" am kaiserlichen Hof vor-
gestellt. Doch bald mied das Mädchen rauschende Bälle,
weil sich die ersten Anzeichen einer beginnenden
Lungentuberkulose bemerkbar machten. In der Literatur
heißt es einerseits, die an höhere Temperaturen
gewöhnte Machbuba hätte sich im verschneiten Gebirge
des Libanon stark erkältet und andererseits, der
nordische Winter sei ihr schlecht bekommen.
Pückler fuhr 1840 mit Machbuba nach Marienbad
(Böhmen), wo sie sich erholen sollte. Die Bade-

gesellschaft dort war schon sehr gespannt auf die aus Zeitungsberichten bekannte Abyssinierin. Erst erblickte man sie am Fenster, dann bei Spazierfahrten und schließlich auf der Promenade „gräflich gekleidet" am Arm des Fürsten. Einmal sah ein siebenjähriger „Mohrenknabe", der einer anderen Herrschaft gehörte, die Abyssinierin, wodurch sein „Heimatgefühl" erwachte und er sie eilig umarmen wollte. Mit in Karlsbad dabei war auch der elfjährige schwarze Sklave von Pückler, den der Fürst zur Schule gehen ließ, wo noch niemand einen „Neger von so vollkommner Schwärze geseh'n" hatte. Weil sich der gesundheitliche Zustand des Mädchens immer mehr verschlechterte, reiste der Fürst mitsamt seiner Geliebten in seine Lausitzer Heimat. Dort erhoffte er sich durch die heilenden Quellen Muskaue's Linderung der Beschwerden von Machbuba. Im September 1840 traf er mit der Kranken in Muskau ein, wo er sich nur ungern lange aufhielt.

Nach Muskau brachte Pückler auch Joladour, einen früheren Sklaven, der seine Pferde betreute, mit. Doch Joladour litt bald unter Heimweh und wurde deswegen vom Fürsten wieder in seine Heimat geschickt. Von Joladour zusammen mit einem Pferd entstand um 1840 eine Lithographie.

Machbuba wurde von der Ex-Gattin Lucie nicht im Schloss, sondern in der „Rosenvilla" im Muskauer Badepark einquartiert. Um ihren Aufenthalt in Muskau ranken sich allerlei Geschichten. So ist von einem

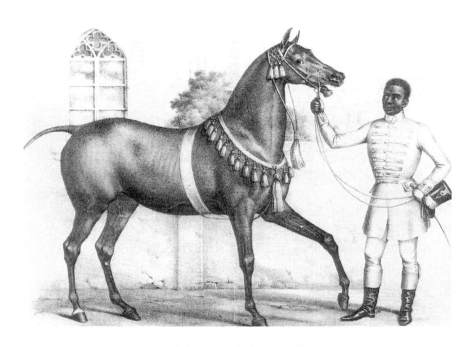

*Joladour, ein früherer Sklave,
kam mit Pückler und Machbuba nach Muskau
und betreute dort die Pferde des Fürsten.
Bild: Anonyme Lithographie
um 1840*

Fluchtversuch Machbubas zum Fürsten nach Berlin oder sogar von einem Selbstmordversuch die Rede. „Ihre Kleider verhakten sich beim Sprung aus dem Fenster an den eisernen Fensterladenbeschlägen", heißt es.

Die Fürstin reiste nach Berlin und führte mit dem Fürsten einige Tage später eine Aussprache. Pückler ließ sich regelmäßig von dem Arzt, der Machbuba behandelte, über deren Zustand brieflich informieren. Obwohl ab Mitte Oktober die Auskünfte immer bedenklicher klangen, kehrte Pückler nicht nach Muskau zurück, weil inzwischen auch Lucie krank geworden war und ihn gebeten hatte, bei ihr zu verweilen.

Machbuba starb am 27. Oktober 1840 in Muskau an Tuberkulose. Man legte sie in orientalischer Tracht in einen blumengeschmückten Sarg und trug sie am 29. Oktober 1840, einen Tag vor dem 55. Geburtstag des Fürsten, unter großer Anteilnahme der Bevölkerung zu Grabe. Der Leichenzug bewegte sich im Fackelschein aus dem Schlosshof über den Markt entlang zum Friedhof. Bergleute des Alaun-Bergwerkes trugen den Sarg und gaben Machbuba das Geleit. Dann folgten die Geistlichen von Muskau, die Ärzte, Dienerinnen, Beamte und viele Bürger/innen.

Der Fürst im rund 150 Kilometer entfernten Berlin erfuhr von Machbuba's Tod so spät, dass er nicht an ihrer Beerdigung teilnehmen konnte. Er stand erst zwei Tage nach der Bestattung an ihrem Grab, das er auch in

den Nächten darauf aufsuchte. Einem Freund schrieb
er darüber: „Ich habe mehr Liebe für sie gefühlt, als ich
mich für fähig hielt und das war vielleicht mein höchster
Schmerz ... und mein größter Trost ...“ Von ihm stammt
auch die Einschätzung: „Diese Wesen aus der Wüste
können nun einmal unser Klima nicht vertragen, sie
gehen ein wie Blumen, ohne krank zu sein.“
Im Sterberegister der Stadtkirche von Muskau aus dem
Jahre 1840 unter Nr. 51 ist nachzulesen:

„Am 27. Oktober, mittags gegen 12 Uhr, starb auf
hiesigem fürstl. Schlosse eine Abyssinische Jungfrau, namen Machbuba, welche der Fürst Hermann
von Pückler-Muskau von seinen Reisen in den Orient
und Namentlich Egypten mitgebracht hatte. Sie war
wohnständig im hohen Gebirge Abyssiniens, an den
Quellen des Nils geboren. Als Tochter eines königlichen
Beamten des Hofes eines Landes geriet sie in Sklaverei
während eines Krieges mit ihrem Nachbarvolk. Ihre
Eltern und sechs ihrer Brüder von Feinden getötet,
wurde sie mit ihrer Schwester zuerst nach Gondar
gebracht. Von da ward die Machbuba nach Sudan geführt, wo sie der Fürst in einem Alter von etwa elf Jahren
an sich kaufte und mit sich hierher nahm. Sie verstarb
im Alter von 16 Jahren an Auszehrung. Begräbnis den
29. Oktober, abends 7 Uhr durch die Knappschaft mit
Fackeln und Lampions auf dem Stadtkirchhof durch
Superintendent Petzold.“

Die Altersangaben im Muskauer Kirchenbuch, wonach Machbuba am 21. 2. 1837 mit elf Jahren gekauft worden und mit 16 am 27. 10. 1840 gestorben sein soll, sind rechnerisch nicht korrekt: Wenn Machbuba 1837 tatsächlich beim Verkauf auf dem Sklavenmarkt erst elf Jahre alt gewesen wäre, dann wäre sie 1840 im Alter von nur 14 Jahren gestorben und nicht mit 16 Jahren.

Im Todesjahr 1840 veröffentlichte der Hamburger Weinmakler und Schriftsteller Wilhelm Hocker (1812–1850) das anklagende Gedicht „Am Grabe Machbubas, der Abyssinierin":

So früh' Du glühn'des Kind des Mohrenlands,
Du Tochter Habesch', muß Dein Tod uns grämen?
So früh des Lebens vollsten Blüthenkranz
Der blasse Bote Dir vom Haupte nehmen?

Ich weiß, wer, Aermste, Dich an's Ziel gebracht,
Wer sonst, als Semilasso, Fürst von Pückler:
Er war, als er zur Sclavin Dich gemacht,
Schon Deines Friedens, Deines Seins Zerstörer.

Er ließ die Blume nicht, wo er sie fand,
Im Orient, dem stillen, wunderbaren;
Er schleppte prahlend Dich von Land zu Land,
Gleich seinen Zebras, seinen Dromedaren.

Du, die geschwelgt in würz'gem Lotusduft
Da, wo des Uwald's ros'ge Wipfel ragen,
Du solltest athmen diese rauhe Luft
In Muskau's neugeback'nen Parkanlagen.

Du welktest, für den Norden viel zu zart;
Dein sehnend Herz – wer möcht's im Weh ermessen –
Man hat's in Alkohol nun aufbewahrt,
Dasselbe, das Fürst Pückler nie besessen.

Wie stark die Sympathie von Machbuba für den deutschen Fürsten tatsächlich war, lässt sich heute nicht mit Sicherheit sagen. In ihren letzten Briefen bezeichnete sie den Fürsten freundlich als ihren „geliebten Vater". Der Briefwechsel der Beiden ist teilweise erhalten.

Weil er sich bei der Anlage seines ersten großen Parks in Muskau finanziell übernommen hatte, verkaufte der „grüne Fürst" 1845 die Standesherrschaft Muskau für 1,7 Millionen Taler. Neue Besitzer waren die Grafen von Hatzfeld-Weissweiler, von Hatzfeld und von Nostitz. Pückler ritt am Tag der Abreise während eines heftigen Unwetters noch einmal durch den Park, hielt vor der Schlossterrasse an, warf einen letzten Blick darauf und sprengte davon. Ab 1846 war der Prinz Wilhelm Friedrich Carl von Oranien-Nassau (1797–1881), der zweite Sohn des niederländischen Königs Wilhelm I. (1772–1843) und der Prinzessin Wilhelmine

Prinz Wilhelm Friedrich Carl
von Oranien-Nassau (1797–1881)
war ab 1846 neuer Eigentümer von Muskau.
Bild: Reproduktion
einer Aufnahme um 1860

Königin Viktoria von England.(1819–1901).
1845 gewährte sie Fürst Pückler
in Gotha eine Audienz.
Foto: Reproduktion einer Aufnahme
von Alexander Bassano (1829–1913)

Luise von Preußen (1774–1837), neuer Eigentümer von Muskau.

1845 erhielt Fürst Pückler in Gotha eine Audienz bei Königin Viktoria von England (1819–1901). Deren Mutter war Prinzessin Marie Louise Victoire von Sachsen-Coburg-Gotha (1786-1861) und Viktorias Ehemann war Albert Prinz von Sachsen-Coburg-Gotha (1819–1861).

Ebenfalls 1845 entstand auf dem Ettersberg bei Ettersburg, einem lang gestreckten Höhenzug nördlich von Weimar in Thüringen, eine Parkanlage im englischen Stil nach Plänen des Landschaftsarchitekten Eduard Petzold und des „Parkfürsten" Hermann von Pückler-Muskau. Schloss und Park Ettersburg gehören als Teil des Ensembles „Klassisches Weimar" seit 1998 zum UNESCO-Kulturerbe.

Pückler zog von Muskau auf sein 42 Kilometer entferntes väterliches Erbschloss Branitz in der Niederlausitz, das an der Spree unweit von Cottbus liegt. Dort wohnte auch seine Ex-Frau Lucie. Zu den wenigen Menschen, die ihn von Muskau nach Branitz begleiteten, gehörte der Zwerg und Sekretär Wilhelm Heinrich „Billy" Masser (1824–1907), der gutes Essen und hübsche Mädchen liebte.

Mit dem Erlös aus dem Verkauf von Muskau ließ Pückler Schloss Branitz umbauen und legte erneut einen Landschaftspark nach englischem Vorbild an. Dank des Umbaues von Gottfried Semper (1803–1879) erhielt das

Wilhelm Heinrich „Billy" Masser (1824–1907).
Zwerg und Sekretär von Heinrich Fürst Pückler-Muskau
auf Schloss Branitz.
Bild: Reproduktion
einer Aufnahme

Gottfried Semper (1803–1879)
baute das väterliche Erbschloss Branitz
von Fürst Pückler um.
Bild: Reproduktion einer Lithographie
von Franz Hanfstaengl von 1848

1845 entstand auf dem Ettersberg bei Ettersburg
nördlich von Weimar in Thüringen
eine englische Parkanlage,
an deren Planung Fürst Pückler beteiligt war.
Foto vom Sommer 2004: Wikipedia, Michak

verödete Barockschloss wieder fürstliches Aussehen. In der ursprünglich flachen und reizlosen Landschaft gestaltete Pückler durch gewaltige Erdbewegungen und umfangreiche Anpflanzungen einen neuen prächtigen Park. Jahrzehntelang beschäftigte der Fürst ganze Kolonnen von Strafgefangenen aus dem Zuchthaus in Cottbus bei seinen gravierenden Landschaftsver-änderungen. Er ließ Wege abstecken, Teiche graben, den Kiefernwald lichten und mit Rasenflächen und kunstvoll angeordneten Gruppen von Laubbäumen und Busch-werk durchsetzen. 1847 schrieb Pückler an seine Ex-Frau Lucie: „Was daraus wird, nach unserem Tode ist ja vollkommenste Nebensache. Nichts ist ewig, aber ewig schaffen, ist göttlich".

Auf Schloss Branitz hängt ein um 1840 geschaffenes Gemälde von Machbuba, das diese in morgenländischer Garderobe zeigt. Dort werden auch ihre Totenmaske sowie Gipsabdrücke ihrer Hände und Füße aufbewahrt. Die Abdrücke ihrer Hände und Füße zeigen Betrachtern, dass Machbuba fast noch ein Kind war. Zur Erinnerung an Machbuba ließ Pückler in Branitz eine Statue aufstellen. Er vergaß aber auch die einst von ihm geliebte Sängerin Henriette Sontag nicht, die 1854 in Mexiko starb, und weihte eine Rosenlaube mit goldener Büste der Sängerin ein.

Zum Gedenken an die Pyramiden in Ägypten schuf der Fürst in Branitz zwei Erdpyramiden. Eine davon, der 40 mal 40 Meter große und 20 Meter hohe

Totenmaske von Machbuba in Bad Muskau.
Eine andere Totenmaske
befindet sich auf Schloss Branitz.
Foto: Bernd-Ingo Friedrich, Weisswasser,
www.kulturpixel.de

Porträtbüste von Machbuba,
die sich bis 1945 in Bad Muskau befand
und seitdem als verschollen gilt.
Foto: Bernd-Ingo Friedrich, Weisswasser,
www.kulturpixel.de

„Tumulus", liegt mitten im Wasser eines Parksees und
wurde von Pückler als sein Grab vorgesehen. In Branitz
ließ der Fürst für zwei seiner Lieblingstiere Denkmäler
errichten. Eines davon trägt die Inschrift „Hier ruht
Adschameh, meine vortreffliche arabische Stute, brav,
schön und klug". Ein anderes für seinen Hund
präsentiert die Inschrift: „Hier ruht die treueste Seele,
welche ich auf Erden gefunden habe."
Die Beziehung des weißen Fürsten zur braunen Sklavin
wurde oft kritisiert: laut Online-Lexikon „Wikipedia"
bürgerlich als Allüre eines fürstlichen Dandys, impe-
rialismuskritisch als kolonialistisch, feministisch als
frauenfeindlich und sozialpolitisch als Pädophilie. Bei
solchen Kritiken werden häufig unzulässigerweise alte
Zeiten nach modernen Vorstellungen bewertet.
Pückler war zu Lebzeiten ein bekanntes Mitglied der
gehobenen Gesellschaft. Er verkehrte mit Königen und
Fürsten. Aber er hatte auch unter Künstlern und Schrift-
stellern viele Freunde wie etwa den Architekten Karl
Friedrich Schinkel (1781–1841) sowie die Schriftsteller/
innen Leopold Schefer, Bettina von Arnim (1785–1859),
Rahel Varnhagen von Ense (1771–1833), Karl August
Varnhagen von Ense (1785–1858), Eugenie Marlitt
(1825–1887) und Heinrich Heine (1797–1856). Wie die
meisten erfolgreichen Menschen hatte der Fürst auch
Feinde.
Die Zahl der Geliebten von Pückler soll – nach Ansicht
des Schriftstellers Bernd-Ingo Friedrich aus Weiß-

*Architekt Karl Friedrich Schinkel (1781–1841),
Freund von Fürst Pückler.
Bild: Reproduktion eines Gemäldes
von Carl Begas
aus dem Jahre 1826*

Schriftstellerin Bettina
von Arnim (1785–1859),
Freundin von Fürst Pückler.
Bild: Reproduktion einer Zeichnung
von Ludwig Emil Grimm

Schriftstellerin
Rahel Varnhagen von Ense (1771–1833),
Freundin von Fürst Pückler.
Bild: Reproduktion
eines Gemäldes zn 1800

Schriftstellerin Eugenie Marlitt (1825–1887),
Freundin von Fürst Pückler.
Bild: Nach einer Photographie von Chr. Beltz
in Arnstadt
auf Holz gezeichnet von R. Huthsteiner

Schriftsteller Heinrich Heine (1797–1856),
Freund von Fürst Pückler.
Bild: Reproduktion
eines Gemäldes
von Moritz Daniel Oppenheim (1800–1882)

wasser/Oberlausitz – nur ein knappes Dutzend betragen haben. Als Geliebte des Fürsten werden in der Literatur erwähnt: die Sängerin Sabine Heinefetter (1809–1872), die Pflegetochter Helmine seiner Ehefrau Lucie, die Schriftstellerin Sophie Gay (1775–1852), die Schriftstellerin Sarah Austin (1793–1867), die Sängerin Henriette Sontag (1806–1854), die Schriftstellerin Bettina von Arnim, die Schriftstellerin Ida Gräfin von Hahn-Hahn (1805–1880), die Gräfin Rosamunde de la Rochefoucauld (1811–1847) und die Schriftstellerin Ada von Treskow (1840–1918). Vieles davon existierte in Wirklichkeit allerdings nur in der Phantasie verschiedener Autoren/innen.

Am 3. März 1850 starb auf Schloss Pülswerda Clementine Cunigunde Charlotte Olympia Louise Gräfin von Sedydewitz, die Mutter von Fürst Pückler. Sie war bereits 1816 Witwe geworden und fand in Pülswerda ihre letzte Ruhe.

Pücklers geschiedene, treu ihrem Schicksal ergebene Ehefrau Lucie starb 1854 im Alter von 78 Jahren. In ihren letzten Jahren lebte sie meistens in Dresden, wo sie vom Fürsten oft besucht wurde. Lucie war dick geworden und litt an Asthma. Offenbar hatte sie lange mit untauglichen Mitteln gegen ihren rücksichts-los-egoistischen Ex-Gatten gekämpft und schließlich doch resigniert, wie folgendes Gedicht von ihr belegt:

Sabine Heinefetter (1809–1872),
berühmteste von vier singenden Schwestern,
angebliche Geliebte von Fürst Pückler.
Bild: Reproduktion
eines Gemäldes

Die Schriftstellerin Sophie Gay (1775–1852),
hatte bereits sechs Kinder, je drei aus zwei Ehen,
als Fürst Pückler sie 1818 kennen lernte
Bild: Reproduktion
eines Gemäldes

Schriftstellerin Sarah Austin (1793–1867):
Pückler machte ihre Bekanntschaft
während seiner Englandreise von 1826 bis 1829.
Bild: Reproduktion
eines Gemäldes

*Sängerin
Henriette Sontag (1806–1854),
angeblich eine Geliebte von Fürst Pückler.
Bild: Reproduktion
eines Gemäldes*

Schriftstellerin
Ida Gräfin von Hahn-Hahn (1805–1880),
angeblich eine Geliebte von Fürst Pückler.
Bild: Reproduktion
eines Gemäldes

Tragt mich zu Grab, tragt mich zu Grab.
In tiefer Nacht senkt mich, senkt mich hinab
Und meine Spur auf Erden ganz vergehe,
Kein Angedenken mehr an mich bestehe.

Es war zu schwer, was ich gelitten.
Zu hart der Kampf, den ich gestritten.
Dann tragt mich fort, zu Grab, zu Grab:
In tiefer Nacht senkt mich hinab, hinab.

Während der Arbeiten für den Park in Branitz, der nicht
so groß wie der von Muskau war, unternahm Fürst
Pückler immer wieder Reisen in Deutschland, Österreich
und Frankreich. 1854 beriet er den französischen Kaiser
Napoleon III. (1808–1873) bei der Neugestaltung des
Bois de Boulogne („Wald von Bologne"). 1863 sah er
das von seinem einstigen Gartendirektor Eduard Petzold
(1815–1891) gepflegte Muskau wieder.
Pückler war sein Leben lang ein fleißiger Briefschreiber.
Im Laufe der Zeit sammelte er sogar Konzepte alter
Liebesbriefe, die er bei Gelegenheit wieder benutzen
konnte. Von allem, was er schrieb, hat er nichts so viel
korrigiert wie seine Liebesbriefe. „Das zeugt nicht eben
von Leidenschaft, sondern eher davon, dass ihm die
Liebesbriefe als Jagdwaffen dienten, die er sorgfältig in
Schuß hielt", urteilte der Autor Bernd-Ingo Friedrich
aus Weisswasser über ihn.

Kaiser Napoleon III. (1808–1873):
Ihn beriet Fürst Pückler 1854
bei der Neugestaltung des Bois de Boulogne.
Bild: Reproduktion eines Gemäldes
von Franz Xaver Winterhalter (1805–1873)

Noch im reifen Alter von 75 Jahren begann Fürst Pückler einen Briefwechsel mit der in Berlin lebenden 20-jährigen Schriftstellerin Ada von Treskow, der sich zehn Jahre lang dahin zog. Die junge Ada folgte keiner der Einladungen ihres alten Brieffreundes nach Branitz.

Der rastlose Fürst Pückler nahm 1866 im hohen Alter von 81 Jahren als Freiwilliger in Generaluniform aktiv im preußischen Generalstab am Feldzug gegen Österreich-Ungarn teil. Er verschlief aber die Befreiungsschlacht von Königsgrätz, bei welcher der preußische Generalstabschef Helmuth Graf von Moltke (1800–1891) als Sieger hervorging. Vier Jahre später bewarb er sich erfolglos um eine Teilnahme im Deutsch-Französischen Krieg 1870/1871, die aus Altersgründen abgelehnt wurde.

Im Juni 1867 sichtete Fürst Pückler zwei Wochen lang auf Schloss Branitz zusammen mit Ludmilla Assing (1821–1880), der Nichte und Schülerin seines Freundes Karl August Varnhagen von Ense, seinen reichen literarischen Nachlass. Denn der Fürst hielt nichts davon, die traurige Existenz „eines Kohlstrunks" zu führen und für die Nachwelt bedeutungslos zu werden.

Fürst Pückler starb am 4. Februar 1871 auf Schloss Branitz bei Cottbus im Alter von 85 Jahren. Weil eine Einäscherung Verstorbener aus religiösen Gründen damals nicht möglich war, hatte er zu Lebzeiten verfügt, sein Herz solle in Schwefelsäure aufgelöst und sein

Schloss Branitz in der Niederlausitz
unweit von Cottbus (Brandenburg)
war das väterliche Erbschloss von Fürst Pückler.
Hier lebte er nach dem Verkauf von Schloss Muskau.
Foto: Wikipedia, Hans Peter Schäfer

*40 mal 40 Meter große
und 20 Meter hohe Pyramide (Tumulus)
im See des Parks von Schloss Branitz.
1871 wurde Fürst Pückler darin beigesetzt
Foto: Wikipedia,
Hans Peter Schäfer*

Die Schriftstellerin Ludmilla Assing (1821–1880)
veröffentlichte bald nach dem Tod
von Hermann Fürst von Pückler-Muskau ein Werk über ihn.
Bild: Reproduktion
einer Daguerreotypie

Fürst Pückler (1785–1871)
zog auf Schloss Branitz
jeden Abend orientalische Kleidung an.
Bild: Reproduktion
eines Gemäldes

Das Grab von Machbuba (um 1823–1840)
auf dem evangelischen Friedhof
in Bad Muskau
wird liebevoll gepflegt.
Foto: Wikipedia, René Mettke

Körper in Ätznatron, Ätzkali und Ätzkalk eingebettet
werden. Auf diese ungewöhnliche Weise wurde er am
9. Februar 1871 in einer Pyramide (Tumulus) im Parksee
des Branitzer Schlossparks beigesetzt. Als Inschrift für
die Pyramide hatte Pückler den Koranspruch „Gräber
sind Bergspitzen einer fernen schöneren Welt" gewählt.
Weil der Fürst keine Kinder hatte, erbte sein Neffe
Heinrich Reichsgraf von Pückler (1835–1897) das
Schloss.
Hermann von Pückler-Muskau gilt unter Kennern als
landschaftskünstlerisches Genie. Seine Parks in Muskau
(Fürst-Pückler-Park) und Branitz machten international
bis nach Nordamerika Schule und zählten zu den
besonderen Höhepunkten der Landschaftsgestaltung im
19. Jahrhundert in Europa. Für beide Parks ließ Pückler
kostspielig riesige Mengen Mutterboden aus weiter
entfernten Gebieten auf Ochsenkarren transportieren,
weil der lokale sandige Untergrund für die geplante
Bepflanzung ungeeignet war. Pückler gelang es erstmals,
ausgewachsene Bäume zu verpflanzen, indem er sie auf
einem speziellen Fuhrwerk transportieren und den
Boden am neuen Standort „baumgerecht" präparieren
ließ.
In der ehemaligen „Deutschen Demokratischen
Republik" („DDR"), wo seine Schlösser und Parks in
Bad Muskau und Branitz lagen, schwieg man Hermann
Fürst von Pückler-Muskau bis in die 1980-er Jahre tot.
Dies geschah, weil man Pückler im „Arbeiter-und-

Blick auf Schloss
und Park
von Muskau.
Bild: Reproduktion
eines Gemäldes

Bauernstaat" als „Junker" und „Kosmopolit" nicht sehr schätzte.

Das Grab von Machbuba in Muskau wurde von den Einwohnern des Ortes, der seit 1881 Bad Muskau heißt, bis heute gepflegt. Ihre letzte Ruhestätte rührt immer noch romantisch veranlagte Menschen und wird oft liebevoll geschmückt. Manchmal kommt auch hoher Besuch vorbei: Am 23. April 2004 besuchte der äthiopische Botschafter das Grab von Machbuba. Für viele ausländische Menschen in der Lausitzer Region ist dieses Grab ein Sinnbild für ein Leben fernab der Heimat.

Das abenteuerliche Leben von Machbuba hat auch Schriftsteller angeregt, über sie zu schreiben. Johannes Paul veröffentlichte 1954 das Werk „Abenteuerliche Lebensreise". Eckart Kleßmann publizierte 1998 das Buch „Fürst Pückler und Machbuba". 2006 erschien die fingierte Autobiographie „Ich. Machbuba. Die Geliebte Pücklers erzählt" von René Beder, die von Giovanni Moro aus dem Italienischen übersetzt wurde.

Auch über Fürst Pückler liegen etliche Werke vor. Eines erschien schon zwei Jahre nach seinem Tod: „Fürst Hermann von Pückler-Muskau. Eine Biografie" (1873–1874) von seiner Altersfreundin Ludmilla Assing. Diese soll stark subjektiv – zu Gunsten des von ihr verehrten Gönners – ausgewählt und ganze Korrespondenzen aus Briefwechseln und Tagebüchern herausgelassen haben.

Bronzene Figur der nackten Machbuba
des Künstlers Hans Scheib aus Potsdam.
Original im Orientzimmer von Schloss Branitz
unweit von Cottbus.
Foto: Der Märkische Bote, Cottbus

Aus Naivität, aus Eifersucht, aus Rücksicht oder aus Abscheu?

Der renommierte Künstler Hans Scheib aus Potsdam hörte bei einem Besuch auf Schloss Branitz von der abessinischen Schönheit Machbuba. 1998 schuf er eine Bronzefigur, die Machbuba nur mit einem Turban bekleidet, ansonsten aber nackt als dürres Mädchen mit prallen Brüsten, zeigt. Diese Figur stand im November 2003 im Mittelpunkt einer neuen Pückler-Ausstellung im Orientzimmer von Schloss Branitz. Bereits vor Eröffnung der Ausstellung erregte dieses Kunstwerk großes Aufsehen und Ärger. Kritiker der Bronzefigur meinten, eine nackte Venus sei, weil abstrakt, akzeptabel. Für eine Person, die wirklich gelebt habe, gelte diese Freiheit nicht. Die Betreuerin der Ausstellung, Beate Schneider, erklärte hierzu, der Künstler habe keine Persönlichkeitsähnlichkeit angestrebt.

Bronzene Figur (links) und Gemälde (rechts)
von Machbuba.
Originale im Orientzimmer von Schloss Branitz
unweit von Cottbus.
Foto: Der Märkische Bote, Cottbus

Zitate von Fürst Pückler

Alles beinah schafft Geld und Macht, aber kein Crösus und kein Alexander vermögen die tausendjährige Eiche in ihrer Majestät wieder herzustellen, wenn sie einmal gefällt ist... dennoch aber weiche das Einzelne, wo es Not ist, auch hier dem Ganzen.

*

Ein Garten ist ein Gegenstand der Kunst allein.

*

Eine Rose im Schatten und eine Rose im Sonnenlicht bieten ganz verschiedene Farben dar, noch mehr die blauen Blumen. Besonders auffallend aber ist der Effect, den man hervorbringt, wenn man durch die Einfassung dunkler Schatten ein helles Sonnenlicht auf volle weiße Blumen unter einer Mischungen bunter fallen läßt. Überhaupt ist es anzuraten, bunte Blumen oft durch weiße zu unterbrechen, um diese dadurch besser hervortreten und sich abstufen zu lassen.

*

Kunst ist das Höchste und Edelste im Leben, denn es ist Schaffen zum Nutzen der Menschheit. Nach Kräften habe ich dies mein langes Leben hindurch im Reiche der Natur geübt.

*

... und was ist am Ende unsre eigne Konservationslexikonsgelehrsamkeit bei einem Leben wert, das meistens so tatenlos wie das einer Kohlpflanze verstreicht? Damit kommt man weder in den Himmel, noch in die Hölle, noch in den Tempel des Nachruhms.

*

Was daraus wird, nach unserem Tode ist ja vollkommenste Nebensache. Nichts ist ewig, aber ewig schaffen, ist göttlich.

*

Wer mich ganz kennenlernen will, muß meinen Garten kennen, denn mein Garten ist mein Herz.

*

Wenn der Park eine zusammengezogene idealisierte Natur ist, so ist der Garten eine ausgedehntere Wohnung. Beide sind zwar sehr verschiedene Dinge, und es ist vielleicht einer der Haupfehler aller mir bekannten deutsch-englischen Anlagen, daß dieser Unterschied fast nie gehörig beobachtet wird, so daß einem auch hier, um mit Müllern zu reden, nur zu oft, nichts als ein Rührei von Kunst und Unsinn entgegentritt.

*

Zur freien Entwicklung nach allen Seiten bedarf jede Pflanze Luft und Licht, das ihr gerade so weit gewährt werden muß, als zur Gesundheit, Dichtigkeit und Fülle aller nötig ist. Es ist dies die Freiheit der Bäume, nach der wir uns ebenfalls so sehr sehnen.

Werke von Fürst Pückler:

Briefe eines Verstorbenen. Ein fragmentarisches Tagebuch aus England, Wales, und Irland, geschrieben im Jahre 1828. Band 1 und 2, München 1830

Briefe eines Verstorbenen. Ein fragmentarisches Tagebuch aus Deutschland, Holland und England, geschrieben in den Jahren 1826 und 1827, Band 3 und 4, Stuttgart 1832

Andeutungen über Landschaftsgärtnerei verbunden mit der Beschreibung ihrer praktischen Anwendung in Muskau. Stuttgart 1834

Tutti Frutti. Aus den Papieren eines Verstorbenen, 5 Bände, Stuttgart 1834

Jugendwanderungen. Aus meinen Tagebüchern. Für mich und Andere. Vom Verfasser der Briefe eines Verstorbenen, Stuttgart 1835

Vorletzter Weltgang von Semilasso – Traum und Wachen. Aus den Papieren des Verstorbenen. 3 Bände, Stuttgart 1835

Semilasso in Afrika. Aus den Papieren eines Verstorbenen. 5 Bände, Stuttgart 1836

Der Vorläufer. Vom Verfasser der Briefe eines Verstorbenen. Stuttgart 1838

Südöstlicher Bildersaal. Herausgegeben vom Verfasser der Briefe eines Verstorbenen, 3 Bände, Stuttgart 1840/ 1841

Aus Mehemed Alis Reich. Vom Verfasser eines Verstorbenen, 3 Bände, Stuttgart 1844

Die Rückkehr. Vom Verfasser der Briefe eines Verstorbenen, 3 Bände, Berlin 1846–184

Literatur

ARNIM, Hermann von / BOELKE; Willi A.: Muskau. Standesherrschaft zwischen Spree und Neisse, Berlin 1978

ARNIM, Hermann von: Ein Fürst unter den Gärtnern. Pückler als Landschaftskünstler und der Muskauer Park, Berlin/Wien 1981

ASSING, Ludmilla: Fürst Hermann von Pückler-Muskau, 2 Bände, Hamburg 1873/1874

ASSING-GRIMELLI, Ludmilla (Herausgeberin): Die Leidenschaft ist der Schlüssel zur Welt. Briefwechsel 1822–1844. Briefwechsel und Tagebücher des Fürsten Hermann von Pückler-Muskau, 9 Bände, Hamburg/Berlin 1873–1876

BEDER, René: Ich, Machbuba. Die Geliebte Pücklers erzählt, Cottbus 2006

CONRAD, Heinrich (Herausgeber): Frauenbriefe von und an Hermann Fürsten Pückler-Muskau, München 1912

DEETJEN, Werner: Liebesbriefe eines alten Kavaliers. Briefwechsel mit Ada von Treskow, Berlin 1938

FRIEDRICH, Bernd-Ingo: Leopold Schefer. Dichter und Komponist 1784–1862, Görlitz 2005

FRIEDRICH, Bernd-Ingo: Das Fürst-Pückler-Eis. Geschichte, Geschichten und Rezepte, Cottbus 2007

FRIEDRICH, Bernd-Ingo: Johann Andreas Tamm 1767-1793. Ein Außenseiter der Aufklärung. Hofmeister des Grafen von Pückler. Lehrer des Dichters und Komponisten Leopold Schefer, Cottbus 2007

FRIEDRICH, Bernd-Ingo: Fürst Pückler und die Frauen, im Druck

FÜRST PÜCKLER-MUSKAU, Kulturpixel von Bernd-Ingo Friederich, http://pueckler-kulturpixel.de

GUTZKOW, Karl: Der Fürst Pückler-Muskau. Aus: Phoenix. Frühlingszeitung. für Deutschland 1835, Literaturblatt Nr. 4, auch in: öffentliche Charaktere, 1835

JUST, Klaus Günter: Fürst Hermann von Pückler-Muskau. Leben und Werk, Würzburg 1962

KLESSMANN, Eckart: Fürst Pückler und Machbuba, Berlin 1998

KRÖNERT, Hans H.: Der tolle Pückler. Hermann Fürst von Pückler in Selbstzeugnissen und im Urteil seiner Zeitgenossen, Cottbus 2002

LAUBE, Heinrich: Fürst Pückler. Aus: Zeitung für die Elegante Welt 1834, Nr. 51, Literaturblatt; auch in: Moderne Charakteristiken, 1835

LINDSMAYER, Charles: Briefe aus der Schweiz, Zürich 1981

MUNDT, Theodor Mundt: Fürst Pückler. Aus: Deutsches Taschenbuch auf das Jahr 1837, herausgegeben von Karl Büchner, Berlin 1837

OHFF, Heinz: Der grüne Fürst, München 1991

OHFF, Heinz / HAACK, Ekhard (Herausgeber): Fürst

Hermann von Pückler-Muskau, 2 Bände, Frankfurt/Berlin/Wien 1985

PAUL, Johannes: Abenteuerliche Lebensreise, Minden 1954

PROBST, Ernst: Machbuba. Die Geliebte des Fürsten Pückler-Muskau. Aus: Superfrauen 1 – Geschichte, S. 63–65, Mainz-Kostheim 2000

WIENBARG, Ludolf: Fürst Pückler. Aus: Zur neuesten Literatur, Mannheim 1835

WIKIPEDIA (Online-Lexikon) http://wikipedia.org

DER AUTOR

Ernst Probst, geboren am 20. Januar 1946 in Neunburg vorm Wald im bayerischen Regierungsbezirk Oberpfalz, ist Journalist und Wissenschaftsautor. Er arbeitete von 1968 bis 1971 als Redakteur bei den „Nürnberger Nachrichten", von 1971 bis 1973 in der Zentralredaktion des „Ring Nordbayerischer Tageszeitungen" in Bayreuth und von 1973 bis 2001 bei der „Allgemeinen Zeitung", Mainz. In seiner Freizeit schrieb er Artikel für die „Frankfurter Allgemeine Zeitung", „Süddeutsche Zeitung", „Die Welt", „Frankfurter Rundschau", „Neue Zürcher Zeitung", „Tages-Anzeiger", Zürich, „Salzburger Nachrichten", „Die Zeit", „Rheinischer Merkur", „Deutsches Allgemeines Sonntagsblatt", „bild der wissenschaft", „kosmos", „Deutsche Presse-Agentur" (dpa), „Associated Press" (AP) und den „Deutschen Forschungsdienst" (df). Aus seiner Feder stammen die Bücher „Deutschland in der Urzeit" (1986), „Deutschland in der Steinzeit" (1991), „Rekorde der Urzeit" (1992), „Dinosaurier in Deutschland" (1993 zusammen mit Raymund Windolf) und „Deutschland in der Bronzezeit" (1996). Ab 2000 veröffentlichte er eine 14-bändige Taschenbuchreihe über berühmte Frauen. Von 2001 bis 2006 betätigte sich Ernst Probst als Buchverleger.

BÜCHER
VON ERNST PROBST

Superfrauen 1 – Geschichte
Superfrauen 2 – Religion
Superfrauen 3 – Politik
Superfrauen 4 – Wirtschaft und Verkehr
Superfrauen 5 – Wissenschaft
Superfrauen 6 – Medizin
Superfrauen 7 – Film und Theater
Superfrauen 8 – Literatur
Superfrauen 9 – Malerei und Fotografie
Superfrauen 10 – Musik und Tanz
Superfrauen 11 – Feminismus und Familie
Superfrauen 12 – Sport
Superfrauen 13 – Mode und Kosmetik
Superfrauen 14 – Medien und Astrologie

Superfrauen aus dem Wilden Westen

Königinnen der Lüfte von A bis Z

Königinnen des Tanzes

Elisabeth I. Tudor. Die jungfräuliche Königin
Maria Stuart. Schottlands tragische Königin
Pocahontas. Die Indianer-Prinzessin aus Virginia
Liesel Bach. Deutschlands erfolgreichste
Kunstfliegerin
Pancho Barnes. Amerkas erste Stuntpilotin
Melli Beese. Die erste Deutsche mit Pilotenlizenz
Elly Beinhorn. Deutschlands Meisterfliegerin
Vera von Bissing. Eine Kunstfliegerin
der 1930-er Jahre
Marga von Etzdorf. Die tragische deutsche Fliegerin
Luise Hoffmann. Die erste deutsche Einfliegerin
Rita Maiburg. Einer der ersten weiblichen
Linienflugkapitäne
Marie Marvingt. Die „Mutter der Luftambulanz"
Käthe Paulus. Deutschlands erste Luftschifferin
Thea Rasche. The Flying Fräulein
Marina Raskowa. Eine fliegende „Heldin
der Sowjetunion"
Wilhelmine Reichard. Die erste Ballonfahrerin
in Deutschland
Hanna Reitsch. Die Pilotin der Weltklasse
Lisl Schwab. Eine Kunstfliegerin
aus den 1930-er Jahren
Melitta Gräfin Schenk von Stauffenberg.
Deutsche Heldin mit Gewissensbissen
Sabine Trube. Die deutsche Düsenjet-Kommandantin
Beate Uhse. Deutschlands erste Stuntpilotin

Rekorde der Urzeit. Landschaften, Pflanzen
und Tiere
Rekorde der Urmenschen. Erfindungen, Kunst
und Religion
Archaeopteryx. Der Urvogel aus Bayern
Der Ur-Rhein. Rheinhessen
vor zehn Millionen Jahren
Höhlenlöwen. Raubkatzen im Eiszeitalter
Säbelzahnkatzen. Von Machairodus bis zu Smilodon
Der Höhlenbär
Monstern auf der Spur. Wie die Sagen über Drachen,
Riesen und Einhörner entstanden
Affenmenschen. Von Bigfoot bis zum Yeti
Seeungeheuer. Von Nessie
bis zum Zuiyo-maru-Monster
Der Schwarze Peter. Ein Räuber im Hunsrück
und Odenwald
Der Ball ist ein Sauhund. Weisheiten und Torheiten
über Fußball (zusammen mit Doris Probst)
Worte sind wie Waffen. Weisheiten und Torheiten
über die Medien (zusammen mit Doris Probst)
Meine Worte sind wie die Sterne. Die Rede
des Häuptlings Seattle
und andere indianische Weisheiten
(zusammen mit Sonja Probst)